Carola Riss-Tafilaj

GEDANKEN KONTROLLIEREN

Carola Riss-Tafilaj

GEDANKEN KONTROLLIEREN

Negative Gedanken loswerden mit Entspannung und Suggestion von Affirmationen für mehr Achtsamkeit und Selbstliebe

Bonus: mp3-Download gratis Geführte Meditation „Affirmation - Kraft der Gedanken“ mit Autogenem Training

LIVING ROOM PUBLISHING

Persönlichkeitsentwicklung

Die in diesem Buch genannten Empfehlungen, Informationen und Hinweise sind als Anregung gedacht und als solche von der Autorin sorgfältig erwogen, inhaltlich kontrolliert und so weit wie möglich erprobt. Eine Garantie kann dennoch nicht übernommen werden oder eine medizinische oder psychologische Beratung ersetzen. Eine Haftung der Autorin für Gebrauch oder Missbrauch der Informationen in diesem Buch sowie Personen-, Sach- oder Vermögensschäden ist ausgeschlossen.

Die Deutsche Bibliothek verzeichnet diese Publikation in der Deutschen Nationalbibliografie; detaillierte bibliografische Daten sind im Internet unter http://dnb.de abrufbar.

1. Auflage

Verlag:
LIVINGROOM PUBLISHING, Zieblandstr. 47, 80798 München
Satz: ISM Satz- und Reprostudio GmbH, München
Druck: Books on Demand GmbH, Norderstedt

ISBN

Paperback	978-3-9814341-0-1
eBook	978-3-9814341-1-8
Hörbuch	978-3-9814341-2-5

Inhalt

Mehr als auf alles andere achte auf deine Gedanken,
denn sie entscheiden über dein Leben.

Sprüche 4,23

Vorwort

Jeder Mensch kann seine eigene Persönlichkeit lebenslang weiterentwickeln! Wir können aktiv und bewusst täglich neu unseren Fokus auf unsere Talente, Fähigkeiten und Potenziale setzen und gezielt das weiterentwickeln, was in uns steckt. Es braucht eine ordentliche Portion Selbstreflexion und auch Mut, sich selbst einmal ehrlich im Spiegel zu betrachten, seinen eigentlichen Kern zu erkennen und sich selbst so anzunehmen, wie man von Grund auf ist.

Dazu gehören Kanten und Ecken, aber auch Schwächen und Stärken.

Eine alte Zen-Weisheit sagt: *„Wer seinen eigenen Weg gehen lernt, dem wachsen Flügel.“*

Das Ziel einer ganzheitlichen Persönlichkeitsentwicklung ist immer, Körper, Seele und Geist in eine harmonische Balance zu bringen. Dadurch wird es möglich, seine persönliche Selbstbestimmung zu entdecken und diese auch stark und mit viel Freude zu leben.

Drei zentrale Bausteine auf diesem Weg sind Selbsterkenntnis, Selbstakzeptanz und Selbstveränderung.

Selbsterkenntnis ist der zentralste Schritt in der Persönlichkeitsentwicklung.

Wenn Du beginnst, genau zu verstehen, warum Du die Dinge im Leben so machst wie Du sie machst, dann wirst Du diese Verhaltensweisen viel einfacher lenken können. Die Ursache und den Motor zu erkennen ist also die halbe Miete.

Selbstakzeptanz meint die Fähigkeit, seine eigene Person mit allen dazugehörigen Facetten bedingungslos anzunehmen und wertzuschätzen. Es geht darum, sich selbst zu lieben, so wie man ist! Die Selbstliebe und die Selbstakzeptanz sind der Schlüssel zu einem zufriedenen und erfüllten Leben.

Auch Selbstveränderung ist grundlegend wichtig und für jeden Menschen möglich. Die Grundvoraussetzung dafür ist aber, dass Du ein konkretes Ziel, das Du gerne erreichen möchtest, präsent vor Augen hast. Das kann der Ausbau und die Weiterentwicklung bestimmter Eigenschaften oder Fähigkeiten sein, aber auch das Ablegen schlechter Gewohnheiten.

Mit jeder einzelnen Erfahrung Deines Lebens entwickelt sich auch Deine Persönlichkeit weiter – und das ganz unbewusst. Das heißt aber nicht, dass Du Dich nur gemütlich hinsetzen und darauf warten musst. Im Gegenteil: Du kannst und sollst Deine persönliche Entwicklung selbst in die Hand nehmen und gezielt gestalten.

Die Persönlichkeitsentwicklung bringt Dir viele Vorteile für Deinen Lebensalltag. Menschen mit einer reifen Persönlichkeit verfügen über eine große Zufriedenheit, kreative Lösungskompetenzen und eine ausgezeichnete mentale Stärke. Und ein solches persönliches Wachstum kommt diesen Menschen in den unterschiedlichsten Lebensbereichen zugute.

Die ganzheitliche Persönlichkeitsentwicklung hört also niemals auf. Jeder von uns entwickelt sich stetig weiter und wir müssen jede Chance ergreifen, die sich uns bietet, um unserem Leben eine neue Richtung zu geben. Wenn Du etwas in Deinem Leben verändern möchtest, dann fange am besten noch heute damit an. Dieser Weg erfordert viel Geduld, Willenskraft und auch Disziplin – doch genau dabei möchte Dich dieses Buch unterstützen und begleiten. Bis sich Veränderungen im eigenen Leben nämlich spürbar manifestieren, vergehen einige Wochen oder sogar Monate. Wichtig ist hier aber, niemals aufzugeben, sondern positiv vorwärts zu gehen.

Einige Bedürfnisse, innere Überzeugungen, Träume und Wünsche keimen erst dann in uns auf, wenn wir das auch bewusst zulassen. Sie können dann einfließen in unsere nächsten Schritte, Handlungen und Ziele. Aus diesen Schritten, Plänen und Zielen wird schließlich ein ganz persönlicher Lebensweg.

Verschaffe Dir Klarheit über die Dinge, die Dir

wirklich wichtig sind und richte Dein Leben gezielt danach aus. Komme zu Dir selbst und wachse täglich über Dich hinaus.

Ich freue mich sehr, dass Du Dich für dieses Buch entschieden hast und hoffe, dass die Tipps und Affirmationen dieses Buches eine wertvolle Bereicherung für Deine Weiterentwicklung sein können.

Um die Ratschläge und Tipps der folgenden Seiten auch optimal in Deinem Alltag umsetzen zu können, steht Dir auch meine CD kostenlos unter www.carola-riss.de als Bonus zur Verfügung.

Ich wünsche Dir nun viel Freude beim Lesen!

Deine Carola Riss-Tafilaj

Kapitel 1 - Das geistige Gesetz der Resonanz

Durch die Kraft unserer Gedanken und Affirmationen können wir ein positives Denken für ein erfülltes Leben entwickeln.

Das geistige Gesetz der Resonanz - auch bekannt unter dem Gesetz der Anziehung - spielt hierbei eine zentrale Rolle. Doch was beinhaltet dieses Gesetz eigentlich? Jeder Leser stellt sich darunter nämlich etwas anderes vor.

Die Kernaussage des geistigen Gesetzes der Resonanz ist, dass Gleiches immer Gleiches anzieht: Anders ausgedrückt bedeutet das, dass eine positive Einstellung und positive Gedanken Positives anziehen, während negative Gedanken und eine negative Einstellung Negatives anziehen.

Dieses Prinzip hat für sämtliche Lebensbereiche Gültigkeit, ganz egal ob es sich nun um die Liebe, den Beruf, die Partnerschaft oder einfach nur den Erfolg handelt. Passende Schwingungen werden zueinander geführt, während sich nicht passende Schwingungen abstoßen. Das Gesetz der Anziehung ist das mächtigste, wirkungsvollste und wichtigste Gesetz im Universum. In Deinem Leben gibt es keine Situation und kein Ereignis, das nicht zuerst ein Gedanke war.

Zahlreiche Lebensberatungen und moderne Erfolgscoachings bauen exakt auf diesem Konzept auf: Durch eine positive Lebenseinstellung sollen die Anwender zu mehr privatem Glück, mehr Erfolg und größerem Reichtum gelangen.

Das Gesetz der Anziehung gilt grundsätzlich für alle und für alles: Es gilt für all das, was existiert. Jede Emotion, die wir fühlen und jeder Gedanke, den wir denken zieht ähnliche, gleichwertige Emotionen und Gedanken an. Aus diesem Grund ist es sehr wichtig, dass Du genau auf Deine Gedanken und Gefühle achtest - denn jeder Einzelne von ihnen erzeugt entsprechende „Schwingungsmuster".

Dieses Gesetz der Anziehung beinhaltet demnach auch, dass jeder von uns durch seine Vorstellungen, Wünsche, Gefühle und Gedanken beeinflussen kann, was davon wahr wird: Wir können unser Leben also aktiv gestalten.

Kapitel 1.1 - Die große Kraft der Gedanken

Mit Sicherheit kennst Du den Ausspruch: „Daran darf ich überhaupt nicht denken!“ Wir Menschen verbieten uns selbst, das offensichtlich Negative überhaupt zu denken. Die Gedanken sind stets da, unser Gehirn ist ständig aktiv, auch im Schlaf. Wir haben jedoch die Macht, unsere Gedanken in ein Gedankenmuster einzuordnen.

Die Gedanken sind sozusagen die erste Anlaufstelle, die jede Aktivität beeinflusst. Stress, Ärger und Zorn sind negativ und äußerst schlechte Anlaufstellen. Du ahnst, welche enorme Kraft in Deiner Gedankenwelt steckt, diese Kraft ist ständig präsent, ob Du nun Schlechtes oder Gutes denkst.

Wir Menschen sind unseren Gedanken aber nicht hilflos ausgeliefert. Jeder von uns hat eine Wahl, was er denkt und wie er mit Denkmustern und Emotionen umgehen will. Auch unsere körperliche Gesundheit hängt ganz wesentlich von unserer geistigen Einstellung ab.

Unsere Gedanken entstehen durch unsere Sinneswahrnehmung. Der menschliche Verstand reagiert also auf die Reize, die wir von außen über die Augen, die Ohren, den Tast- sowie den Geschmackssinn aufnehmen können.

Diese Informationen gelangen schließlich ins Gehirn und rufen dort bestimmte Handlungen hervor. Die Mehrzahl dieser Aktionen läuft jedoch ganz automatisch und unbewusst ab, so beispielsweise eine grüne Verkehrsampel, die ein Autofahrer gar nicht mehr bewusst wahrnimmt. Beim grünen Signal ist klar: Wir dürfen weiterfahren. Das Grün suggeriert dem menschlichen Verstand eine Sicherheit und so kommt es zu einer automatischen Handlung. Anders gestaltet sich die Situation jedoch, wenn Du einmal rechtmäßig bei Grün losgefahren bist und es dennoch zu einem Unfall gekommen ist, weil ein anderer Teilnehmer die Verkehrsregeln missachtet hat. In einem solchen Fall wird die Reaktion nicht ganz so automatisiert ablaufen, denn das Gehirn greift auf gespeicherte Erfahrungswerte zurück.

Bei jeder Reizwahrnehmung resultiert auch immer eine interne Bewertung. Das Gehirn sucht nach bekannten Erfahrungswerten und vergibt dabei sozusagen Etikettierungen wie „bekannt" oder „unbekannt", „gefährlich", „erfreulich" oder andere vergleichbare Kategorisierungen.

Mit jeder dieser Bewertungen entsteht aber auch ein Gefühl: Diese Emotionen nehmen wir häufig gar nicht bewusst wahr, dennoch sind sie real vorhanden und verleiten uns zu bestimmten Handlungen – wie eben im oben dargestellten Beispiel der grünen Verkehrsampel. Die Farbe „grün" vermittelt Sicherheit und somit erteilt das Gehirn in der Regel die Freigabe weiterzufahren oder als Fußgänger die Straße zu überqueren.

Die meisten Menschen können mit solchen Alltagsreizen und den damit verbundenen automatischen Handlungen sehr gut umgehen. Problematisch wird es hingegen, wenn bestimmte Gedanken nicht den inneren Autopiloten auslösen, sondern vielmehr eine innere Unruhe hervorrufen. Das sind meistens Gedanken, die entstehen, weil wir über Dinge nachdenken, die fremd, unangenehm oder gar bedrohlich zu sein scheinen. Diese Gedanken nehmen mental einen großen Raum ein und können ganz realen Stress hervorrufen.

Im Leben eines Menschen gibt es nur äußerst wenige Wachmomente, in denen überhaupt nicht gedacht wird. Das Unterbewusstsein ist in der Lage pro Sekunde bis zu 80.000 verschiedene Informationen aufzunehmen, weiterzuverarbeiten, zu bewerten und abzuspeichern.

Rund 60.000 Gedanken schwirren uns pro Tag im Kopf umher. Die Gehirnforschung hat sich intensiver mit diesen außergewöhnlichen Erkenntnissen auseinandergesetzt und festgestellt, dass rund drei Prozent all dieser Gedanken positiver Natur sind. Das entspricht immerhin noch ungefähr 1800 Gedanken.

Ein Großteil unserer Gedanken, nämlich ungefähr 70 % sind eher flüchtige Gedanken, denen wir nicht lange nachsinnen: Das sind die Gedanken, die zu automatischen Handlungen führen und - wenn überhaupt - nur sehr kurze Zeit im menschlichen Wachbewusstsein verbleiben. Und das ist auch sehr gut und wichtig so, denn ansonsten könnten wir alltägliche Routinehandlungen wie Autofahren, Zähneputzen oder Essen gar nicht durchführen.

Rund ein Viertel all unserer täglichen Gedanken, sind Gedanken über uns selbst sowie über unser Leben - und die sind im Großen und Ganzen leider nicht immer positiv. Rund 15000 dieser Gedanken kreisen um alles, was uns im Leben nicht gelingt, was wir scheinbar nicht richtig machen, was in Zukunft alles passieren kann oder was andere Mitmenschen über uns denken. In manchen Fällen freuen wir uns, doch überwiegend machen wir uns eher Sorgen und grübeln!

Sorgen über die Vergangenheit gibt es dabei eher selten, vielmehr beschäftigt uns die Zukunft! Sehr viele Menschen zeichnen sich gedanklich kein sehr erfreuliches Bild von der Zukunft aus, sondern in ihren Köpfen dominiert die bedrohliche Fragestellung: „Was ist eigentlich, wenn dieses oder jenes passiert?" Auf diese Frage kann keiner eine Antwort liefern und somit sind Grübeleien nicht nur sehr belastend, sondern auch völlig nutzlos.

Grübeleien über vergangene Zeiten beeinträchtigen die innere Balance vor allem dann, wenn wir selbst mit unserer Vergangenheit nicht im Reinen sind und mit früheren Geschehnissen hadern. In solchen Fällen wird oft stundenlang gegrübelt, was andere Mitmenschen gesagt oder getan haben beziehungsweise warum wir selbst uns nicht in der ein oder anderen Situation anders entschieden haben.

Solche Gedanken, über das, was andere Menschen unseres Umfelds gedacht oder gefühlt haben könnten, sind genauso nutzlos wie Grübeleien über vergangene Zeiten. In den meisten Fällen wissen wir überhaupt nicht - und werden es vermutlich auch nie wissen - was ein anderer Mensch in einer bestimmten Situation gefühlt oder gedacht hat. Doch gerade durch solche nicht zielführenden Gedankenschleifen, belasten wir uns immer mehr und versinken immer tiefer in einen echten Negativismus.

Aus diesem Grund ist es äußerst wichtig und auch wertvoll, sich immer wieder selbst zur Ordnung zu rufen und aus der Gedankenspirale auszusteigen, wenn sich vor dem inneren Auge nur noch negative Gedanken, Befürchtungen und Sorgen breitmachen.

Wir Menschen folgen also dem Weg, den unser Denken uns vorgibt. Wir sind fest davon überzeugt, dass unsere Gedanken uns leiten, dass sie sozusagen den Kurs unseres Lebens vorgeben und uns in die Richtung lenken, die letztlich ausschlaggebend dafür ist, wo unser Leben uns hinführt. Unser Mindset bestimmt unsere Perspektiven und unsere Haltungen. Die Gedanken in unserem Kopf haben einen wesentlichen Einfluss auf unsere Beziehungen. Sie bestimmen wie erfolgreich wir in beruflicher sowie in privater Hinsicht sind. Kurzum: Unsere Gedanken beeinflussen im Allgemeinen unsere gesamte Lebensqualität - und das ganz maßgeblich! Du siehst also, welche Macht Deine Gedanken tatsächlich haben!

Wenn Du Dir beispielsweise vornimmst, Dein Abitur nachzuholen, aktiv Deine Finanzplanung in den Griff zu bekommen oder gezielt etwas für Deine Gesundheit zu tun, dann ist es Dir damit wirklich ernst: Du richtest also Deine Gedanken gezielt darauf aus und wirst Deine Pläne letztlich auch umsetzen! Klar, können sich Deine Ziele mit der Zeit verändern und so oft nimmt auch das Leben ganz unvorhergesehene Wendungen: Du stehst dann plötzlich in einer ganz neuen Lebenssituation, die Du Dir so vielleicht niemals hättest vorstellen können. Dadurch eröffnen sich Dir aber auch ganz neue Möglichkeiten, die Dir zuvor so möglicherweise gar nicht in den Sinn gekommen wären. Erfolg - egal in welchem Bereich Deines Lebens - beginnt immer mit einem Gedanken!

Ganz genauso verhält es sich mit dem Versagen. Wenn Du denkst, dass Du etwas garantiert nicht erreichen kannst, dann wirst Du es aller Wahrscheinlichkeit nach auch nicht schaffen. Das was Du denkst, hat einen unglaublich großen Einfluss auf Dein Leben!

Mit Sicherheit hat auch zu Dir schon jemand mal gesagt: „Das schaffst Du!“ Dann weißt Du bestimmt, wie viel Zuversicht diese Aussage spendet und wie inspirierend sie wirken kann: Sie verwandelt sich in Deinen Gedanken zur Botschaft: „Ja, ich schaffe das!“ und auf dieser Grundlage erreichst Du schließlich auch Dein Ziel!

Hierbei ist es völlig egal, ob es um einen sportlichen Wettkampf, um eine gute Note in der Abschlussarbeit, um ein Bewerbungsgespräch oder um eine effektive Gewichtsreduktion geht: Mit den richtigen positiven Gedanken im Kopf stellst Du die richtigen Weichen für Deinen Erfolg!

Wenn wir denken, dass wir etwas tatsächlich schaffen können und fest daran glauben, dann gelingt uns das auch – trotz aller Schwierigkeiten und Widrigkeiten!

Dasselbe gilt jedoch auch, wenn wir negativ denken und schließlich überzeugt davon sind, nichts zu schaffen oder in einer Sache nichts ausrichten zu können: In diesen Fällen scheitern wir dann im Allgemeinen auch. Entmutigende Worte aus dem Mund unserer Mitmenschen sowie eigene negative Gedanken wie zum Beispiel

„Ich bin dafür ohnehin nicht klug genug“, werden zu sogenannten „sich selbsterfüllenden Prophezeiungen“. Sie verwurzeln sich tief in unserem Denken und üben einen entscheidenden Einfluss auf unsere weiteren Entscheidungsprozesse aus. Und wir Menschen folgen dem Weg, den unsere Gedanken uns vorgeben. Aus diesem Grund ist es umso wichtiger, positiv zu denken.

Unsere Art zu denken ist also viel mächtiger als uns oftmals bewusst ist und unsere Gedanken haben sowohl negative als auch positive Auswirkungen auf sämtliche Aspekte unseres Daseins.

So lässt sich sagen, dass unsere Art zu denken unser Selbstbild, unsere Beziehungen zu anderen Menschen, unsere physische und psychische Gesundheit, unsere berufliche sowie private Produktivität und unsere Fähigkeit, das Leben zu genießen, maßgeblich beeinflusst.

Dein Denken kann also eine Schatzkammer oder auch ein Schrottplatz sein: Die Wahl hast alleine Du! Du entscheidest, ob Du negative und minderwertige Gedanken hegst oder positive, reine, wertvolle und fröhliche.

Du kannst in einer solchen Art und Weise denken, dass Du gestärkt wirst für Deinen Lebensalltag. Wenn Du also anders werden willst, als Du es jetzt bist oder wenn Du Dein Leben maßgeblich verändern möchtest, dann musst Du damit beginnen, Deine Denkweise zu verändern. Vergifte Dein Leben also nicht mit falschen Denkmustern!

Vielleicht hast auch Du bislang eher die schlechten Dinge im Leben wahrgenommen. Das ist an sich gar nicht mal so verwunderlich, denn in den meisten Fällen werden wir von klein auf so erzogen und von der Umwelt, der Schule und den Medien geprägt. Es ist jedoch von unglaublich großer Bedeutung, die Kontrolle über die eigene Gedankenwelt zurückzugewinnen, um die Zügel für das eigene Leben fest in der Hand zu halten.

Kapitel 1.1.1 - Dankbar leben - Positiv denken

Häufig verändern wir im Laufe unseres Lebens unser Wertesystem zu unseren Ungunsten.

Wir verbrauchen unsere Kräfte also für Dinge, die uns nicht langfristig mit Freude und Glück erfüllen und stellen unser eigenes Ich oftmals an letzter Stelle. Wir selbst sind und bleiben jedoch die Hauptquelle unserer Kraft und diese brauchen wir, um die täglichen Herausforderungen zu meistern.

Ein positives Mindset ist ein Geschenk, das ungeahnte Kräfte in uns freisetzen kann und genau das unterscheidet uns von anderen Spezies. Doch unser Mindset kann uns auch im Weg stehen.

Das ist vor allem dann der Fall, wenn wir unsere Gedanken nicht im Griff haben und das Gedankenkarussell nicht mehr zum Stillstand bringen können. Die negativen Gedanken überschlagen sich in unserem Kopf und es kommt zu einem wahren Teufelskreis der negativen Gefühle und Gedanken.

Hier kommt es wesentlich darauf an, aktiv zu werden und die Kontrolle über das eigene Denken und somit über das eigene Leben zurückzugewinnen.

Befasse Dich also immer wieder mit Deinem eigenen Mindset, prüfe und hinterfrage Deine Gedanken.

Denkst Du so, dass Du damit einen idealen Nährboden für mehr Wohlbefinden schaffst? Wenn Du gut denkst, gibst Du dem Guten in Deinem Leben mehr Raum. Wenn wir schlecht denken, dann geht es uns hingegen schlecht, wir handeln falsch und fokussieren uns auch auf die negativen Dinge unseres Lebens. Wenn wir positiv denken, dann verhalten wir uns richtig und schalten sozusagen unseren „Chancenkompass" ein: Du entdeckst also völlig neue Perspektiven und Möglichkeiten der Entfaltung und legst somit den Grundstein für mehr Erfolg, Zufriedenheit und Freude! Das Glück kommt Dir also entgegen!

Die Änderung Deiner Gedanken mündet in einer Änderung Deiner gesamten Lebenseinstellung. Negative Gedanken rauben Dir die Energie und die Kraft, sie lähmen Dich in Deinem Handlungsspielraum. Häufig fällt uns selbst überhaupt nicht auf, wie uns negative Gedanken unbewusst steuern.

Das positive Denken ist eine sehr effiziente Anwendungsmethode, um anstelle eines reinen Wunschdenkens echte positive Gefühle zu erzeugen. Diese positiven Emotionen helfen uns schließlich dabei, positive Handlungen zu vollbringen, was insgesamt zu einem Plus an Lebensqualität führt.

Gesundheitsexperten konnten sogar nachweisen, dass positives Denken nicht nur das eigene Wohlbefinden stärkt, sondern auch das eigene Selbstvertrauen und das Selbstwertgefühl. Durch ein positives Mindset können negative Glaubenssätze umgewandelt werden, was zu insgesamt erfolgreicheren Handlungen führt: Man traut sich selbst also deutlich mehr zu.

Ein bekanntes Sprichwort sagt: „Der Glaube versetzt Berge“ und so ist es auch: Viele große Dinge und bedeutende Erfolge haben ihren Ursprung in einem positiven Mindset, also in einer guten Art des Denkens! Positives Denken macht Dich jedoch nicht nur erfolgreicher, sondern insgesamt gelassener und stressresistenter.

Ein positives Mindset ist somit von grundlegend wichtiger Bedeutung, denn es hilft uns kreativ an Probleme heranzugehen und verschiedene Lösungswege aus Krisen zu erarbeiten. Menschen, die also positiv denken, bleiben auch in stressigen oder belastenden Lebenssituationen ruhiger.

Mit einer ganz festen Überzeugung an das Unmögliche zu glauben, das setzt in uns Menschen ungeahnte Kräfte frei und macht viele Dinge erst überhaupt möglich. Positives Denken hilft Dir also auch die ganz großen Herausforderungen leichter anzugehen. Zudem verändert ein positives Mindset auch Deine Ansicht über andere Mitmenschen. Wenn Du Deine Gedanken grundsätzlich auf ein positives Muster umstellst, dann wirst Du ganz automatisch davon ausgehen, dass Dir Gutes in Deinem Leben widerfahren wird.

Deine Mitmenschen werden gerne in Deiner Nähe sein und Dich als ein Vorbild sehen. Jeder von uns folgt gerne einem anderen Menschen, der mit gutem Beispiel vorangeht.

Negatives Denken und Pessimisten sind hingegen nicht besonders beliebt. Sie ziehen andere mit ihrer negativen Grundstimmung nur runter und hindern einen dabei, selbst an das Gute zu glauben. Wenn Du bislang noch nicht zu den positiven Denkern gehörst, dann solltest Du keinesfalls den Kopf hängen lassen.

Sehr eng mit dem Positiven Denken verbunden ist auch das Thema „Dankbarkeit“: Wir vergessen in unserem heutigen Lebensalltag leider nur allzu oft, Dankbarkeit zu zeigen.

Natürlich passieren in unserer Welt leider jeden Tag schreckliche Dinge, doch es ist grundlegend wichtig auf das Gute zu schauen. In unserem Leben passieren nämlich auch jeden Tag wertvolle und schöne Dinge und ihre Bedeutsamkeit sollten wir achtsam und bewusst wahrnehmen. Nimm Dir doch einen Augenblick Zeit und denke mal über all die Dinge nach, auf die Du im Alltag so Deinen Fokus richtest.

- Bist Du vielleicht damit beschäftigt, darüber nachzudenken, was Dir in Deinem Leben fehlt?
- Oder freust Du Dich vielmehr darüber, dass Dein Leben so ist wie es ist?
- Ärgerst Du Dich über Dinge die schieflaufen oder in der Vergangenheit schiefgelaufen sind?
- Konzentrierst Du Dich hauptsächlich auf Misserfolge, Krisen und Probleme oder doch auf Chancen, Talente und Erfolge?
- Achtest Du mehr auf Deine Fehler und Makel als auf Deine Stärken?

Für die allermeisten Menschen ist es mittlerweile zu einer Selbstverständlichkeit geworden, sich auf das Negativ zu fokussieren, anstatt auf das Positive zu schauen. Früher, als es um das Überleben ging, achteten unsere Vorfahren darauf die Gefahr zu erkennen, anstatt die schönen Blumen am Wegesrand zu beobachten.

Diese Betrachtungsweise ist auch heute noch in uns Menschen tief verankert. Die negativen Seiten und Fehler werden hervorgehoben und immer wieder in den Vordergrund gestellt. Erfolge, Talente oder auch schöne Ereignisse geraten hingegen leider viel zu oft in Vergessenheit und gehen unter.

Erinnere Dich an Situationen, in denen Du bereits am Morgen eine negative Erfahrung gemacht hast? Solche Tage beginnen durch einen negativen Moment und der ganze Tag wird dadurch geprägt. Plötzlich erscheint alles was an diesem Tag passiert in einem negativen Licht, anstatt, dass auch die positiven Dinge gesehen werden.

Im Leben eines jeden Menschen gibt es nicht nur negative Erlebnisse: So wie es Dunkelheit gibt, gibt es auch immer Licht! Genauso ist kein Tag nur negativ, sondern es steckt immer auch etwas Positives dahinter. Es gibt kein Leben, das nur durch Krisen geht, von Unglücken geprägt oder mit Problemen behaftet ist. Alles, was im Leben passiert hat positive wie auch negative Seiten. Du kannst immer etwas Gutes und etwas Schlechtes in Deinem Leben, in Deinen Mitmenschen und in der Welt finden.

Es ist so wichtig, dass Du nicht nur auf das Negative achtest, sondern dem Leben immer wieder eine neue Chance gibst und somit alles gezielt in eine gute Richtung lenkst. Deine innere Einstellung ist so ausschlaggebend für den konkreten Verlauf Deines Lebens! Führe Dir diese Tatsache immer wieder vor Augen, besonders dann, wenn Du dazu neigst, wieder in negative Gedankenmuster oder ins Grübel-Karussell zu verfallen. Es hängt oftmals ganz an Dir persönlich, wie positiv und optimistisch Du Dein Leben siehst und in dieses blickst.

Es wird nie einen absoluten Zustand der Sorglosigkeit geben. Kein Leben wird ohne etwas Negatives und ohne Probleme verlaufen, doch genau hier ist der richtige Blickwinkel von zentraler Bedeutung.

Welchen Blick hast Du ganz persönlich auf die Welt sowie auf Dein Leben? Glück zu haben bedeutet nicht, ein Leben ohne Probleme und Krisen zu leben, sondern mit all den Schwierigkeiten und Sorgen des Alltags den Blick auf das Positive nicht zu verlieren. Glück zeichnet sich dadurch aus, dass Sie auch das Positive sehen, obwohl Ihr Leben nicht perfekt ist.

Es macht uns Menschen nicht glücklich, alles zu besitzen. Es ist viel wertvoller und wichtiger eine positive und bejahende Einstellung zum Leben zu haben und dankbar dafür zu sein.

Kapitel 1.1.2 – Den inneren Dialog positiv gestalten

Unsere Gedanken sind mit unseren Gefühlen eng verbunden. Dein Mindset hat also die größte Macht über Dein ganzes Verhalten: Diese Einsicht ist von grundlegend wichtiger Bedeutung, denn durch die gezielt Steuerung Deiner Gedanken kannst Du auch Deine Gefühle und somit Dein Leben in jeder Sekunde in die von Dir gewünschte Richtung lenken. Du bist kein Spielball des Universums, sondern hast Dein Glück maßgeblich selbst in der Hand.

Jeder von uns reagiert anders auf dieselben Situationen, geht unterschiedlich mit Herausforderungen und Mitmenschen um und nimmt Außenfaktoren einfach auf eine individuelle Art und Weise wahr. Die Ursache der unterschiedlichen Beurteilung von Lebenssituationen liegt in erster Linie in unseren Gedanken: Jeder von uns geht vom Mindset also anders an die Dinge heran.

Positives Denken führt in jeder Lebenssituation dazu, dass wir erst einmal vom Guten ausgehen. Ein solches Denken ist komplett frei von Unsicherheiten, Zweifeln, Wut oder irgendwelchen Ängsten. Es ist wichtig für unser Wohlbefinden und unsere körperliche Gesundheit Eine positive Grundeinstellung schenkt Deinem Leben in vielen Situationen Durchhaltvermögen, Hoffnung, Freude und Kraft. Ein positives Mindset kann Dinge vereinfachen und sogar psychische Krankheiten wie Depressionen vermeiden.

Schlechte Gedanken können hingegen eine Qual sein und besonders problematisch wird es dann, wenn sie die volle Kontrolle über Dein Leben gewinnen - Dir den Schlaf und die Lebensfreude rauben.

Die Macht unserer Gedanken ist ein sehr mächtiges und wertvolles Werkzeug, vor allem dann, wenn es darum geht, ein zufriedenes, zuversichtliches und einfach glückliches Leben zu führen. Du siehst also, wie wichtig es ist, seine eigenen Gedanken zu kontrollieren und bewusst in die rechten Bahnen zu lenken. Das klappt natürlich nicht von einem Tag auf den nächsten, denn negative Gedanken schleichen sich immer wieder ein. Doch das Wichtigste ist, sich selbst einen festen Entschluss zu fassen. Das richtige „gute" Mindset ist entscheidend und genau dabei möchte Dich dieses Buch unterstützen.

Kapitel 2 - Die 7 Stufen des positiven Denkens

Kapitel 2.1 - Die richtige Lebenseinstellung

In diesem Kapitel zeige ich Dir das 7-Stufen-Modell. Es soll Dir ganz bewusst in Deinem Alltag helfen und Dir eine Stütze sein. Versuche diese 7 Stufen zu verinnerlichen und sie immer wieder in Deinen Alltag zu integrieren. Es ist absolut nicht schlimm, wenn Du nicht gleich alles umsetzen kannst, gib Dir hierfür genügend Zeit.

Die 7 Stufen sind nochmals eine kleine Zusammenfassung für Dich, damit Du bestens gewappnet bist für Dein alltägliches Leben. Die nachfolgenden Tipps kannst Du Dir in Ruhe durchlesen und versuchen Dir darüber Gedanken zu machen:

- Welche Grundhaltung hast Du in Deinem Leben?

- Bist Du ein positiv denkender oder ein negativ denkender Mensch?

- Was erwartest Du von Deinem weiteren Leben? Bist Du bereit alte Gewohnheiten und Grundsätze zu verändern und Dich auf etwas Neues einzulassen?

Mache Dir über diese Fragen vorher nochmals

kurz Gedanken, bevor Du die nachfolgende Zusammenfassung liest. Deine Einstellung zum Leben ist ein sehr wichtiger Faktor für die erfolgreiche Umsetzung zu einem positiven Denken.

Stufe 1: Setze Dir ganz bewusste Ziele

Nimm Dir jeden Tag ein kleines Etappenziel vor. Es ist wichtig, dass die Ziele, die Du Dir setzt realistisch und erreichbar sind. Es hilft Dir bei Deiner Zielerreichung nicht, wenn Du zu hochgesteckte Ziele nicht erreichen kannst und Du Dich hierdurch selbst sabotierst und demotivierst.

Damit Deine Ziele wirklich erfolgreich werden, benötigst Du die nötige Motivation. Diese kannst Du zum Beispiel dadurch erreichen, dass Du Dir ein kleines Ziel vornimmst. Hast Du dieses dann an einem Tag erreicht, so motiviert Dich das zum Weitermachen und verleiht Dir ein Glücksgefühl.

Es tut gut, stolz auf sich zu sein!

Stufe 2: Höre auf Dich zu vergleichen

Vergleiche mit anderen bringen Dich nicht weiter. Anstatt Deine Zeit damit zu verbringen, ständig in Tagträumen zu versinken und Dich mit anderen zu beschäftigen, beginne damit ganz bewusst Du selbst zu sein.

Lege Deinen Fokus auf Dich, Deine Wünsche, Träume und auch Deine Fähigkeiten und Talente.

Dies beflügelt Dich und hilft Dir dabei, Dich selbst besser kennenzulernen und auch wertzuschätzen.

Du bist ein wertvoller Mensch, beginne Dich selbst auch als solcher wahrzunehmen. Baue Deine Fähigkeiten weiter aus und glaube an Deine Träume. Vergleiche hindern Dich daran und sorgen dafür, dass Du Dich zu sehr auf andere anstatt auf Dich konzentrierst.

Stufe 3: Sage Nein

Du bist für Dein Leben und Deine Handlungen verantwortlich. Stehe zu dem was Dir wichtig ist und lerne auch öfters Nein zu sagen. Es ist wichtig, dass Du Deine eigenen Wünsche nicht aus den Augen verlierst und nicht beginnst, Dinge für andere zu tun, hinter denen Du selbst nicht stehst.

Es ist nicht schlimm Nein zu sagen, ganz im Gegenteil.

Es zeigt Dir selbst und auch anderen das Du Dir etwas wert bist. Andere werde Dich dafür respektieren und schätzen.

Stufe 4: Schätze die kleinen Dinge im Leben

Lerne wieder bewusst auf die Kleinigkeiten zu schauen und diese wertzuschätzen. Es gibt so viele schöne Dinge im Leben, an jedem Tag. Sei Dir dessen bewusst und fange wieder damit an, dafür dankbar zu sein.

Dankbarkeit ist etwas wunderbares, was Dir dabei helfen wird, positiv auf Dein Leben im Algemeinen zu blicken.

Stufe 5: Sei gut zu Dir selbst

Damit Du ein glückliches und vor allem auch erfolgreiches Leben führen kannst, ist es wichtig, dass Du Deine innere Balance findest. Achte wieder mehr auf Deine eigenen Bedürfnisse und Wünsche. Sei Dir selbst wieder wichtig und höre auf Deinen Körper. Nimm Dir immer wieder kleine Auszeiten vom Alltag, in denen Du Dir selbst etwas Gutes tust. Dies könnte zum Beispiel so aussehen:

- Gönn Dir eine kleine Wellnessauszeit für Dich.
- Ein Spaziergang an der frischen Luft tut Deiner Seele und Deinem Körper gut.
- Mache Dir selbst kleine Geschenke.
- Triff Dich mit Freunden und gönn Dir einen schönen Abend.

Überlege Dir immer wieder was Du Dir selbst Gutes tun kannst.

Stufe 6: Bleibe Dir selbst treu

Versuche nicht Dich zu verstellen um anderen zu gefallen oder anderen nachzueifern. Sei Du selbst und lerne Deine Vorzüge kennen. Lerne wieder bewusst Dich zu akzeptieren so wie Du bist.

Schreibe Dir doch hier positive Eigenschaften auf, die Du an Dir magst. Du kannst hierfür auch Freunde oder Familie befragen.

Nimm Dir immer wieder diese Notizen und werde Dir darüber bewusst, dass Du wertvoll bist. Vertraue auf Dich und Deine Fähigkeiten.

Stufe 7: Schätze die kleinen Erfolge in Deinem Leben

Stärke Dein eigenes Selbstbewusstsein durch Deine bereits erreichten Erfolge. Jeden Erfolg den Du in Deinem Leben erreicht hast, hast Du auch Dir selbst zuzuschreiben. Lerne auch die kleinen Erfolge zu schätzen und mache Dir bewusst, wie diese auf Dich selbst sowie auf Dein Tun und Handeln wirken und sei stolz auf Dich dafür.

Führe ein Dankbarkeits- und Erfolgstagebuch! So werden die Erfolge anhand Deiner täglichen Eintragungen manifestiert und messbar.

(Produktempfehlung:
https://amzn.to/3pavQKB).

Kapitel 3 - Glaubenssätze

Unsere inneren Überzeugungen sowie unsere Erwartungen über uns selbst, andere Mitmenschen und diese Welt sind entscheidend, wieviel wir uns in einem Bereich selbst zutrauen.

Solche Glaubenssätze begrenzen unsere Fähigkeiten und letztlich auch unsere Handlungsmöglichkeiten, denn sie bestimmen was wir in „unserer persönlichen Welt“ selbst für möglich halten und was uns eher als unerreichbar vorkommt.

Unsere inneren Überzeugungen sind stark und wirken oft unterbewusst. Wir kommen nicht an ihnen vorbei, wenn wir unsere Wünsche manifestieren wollen. Doch mach Dir keine Sorgen, Glaubenssätze müssen keineswegs in jahrelanger Therapie oder mühsamer Eigenarbeit an die Oberfläche geholt und verändert werden. Du kannst auch einfacher und pragmatischer vorgehen, um Deine Glaubenssätze positiv zu verändern.

Es ist nicht schwer und es kann jedem gelingen, der sich mit viel Offenheit und Motivation daran wagt. In diesem Kapitel erfährst Du mehr über deine Glaubenssätze, ihre aktuelle Bedeutung für dein Leben und wie Du sie konkret verändern kannst.

Kapitel 3.1 – Was sind Glaubenssätze?

Jeder Mensch hat feste innere Überzeugungen, und bei jedem Menschen sind sie unterschiedlich.

Hinter einem „Glaubenssatz" stecken Deine persönlichen Annahmen über die Welt, die Du irgendwann in Deinem bisherigen Leben einmal erlernt und erfahren, ja vielleicht sogar selbst erlebt hast. Vielleicht bist Du Dir dessen gar nicht wirklich im Klaren, doch diese Glaubenssätze begleiten Dich durch jede Phase und jede Situation Deines Lebens. Im Grunde hat jeder von uns ab einem gewissen Lebensalter seine persönlichen Glaubenssätze und diese können unterschiedliche Formen annehmen. Vielleicht hast Du ein Motto, das Dich durch bestimmte Lebenssituationen führt? Oder Du hast möglicherweise bestimmte Grundüberzeugungen, nach denen Du handelst und Lebensereignisse bewertest.

Glaubenssätze sind also nichts anderes als Gedanken, die Du tief in Dir verinnerlicht hast und mit denen Du diverse Geschehnisse im Alltag bewertest und einordnest – ohne Dir darüber im Einzelnen bewusst zu sein. Es ist praktisch ein automatisierter Vorgang Deines Autopiloten.

Solche Glaubenssätze können sich zum einen auf Dich selbst beziehen: *„Ich muss immer absolut perfekt sein, da ich sonst meinen persönlichen Wert verliere"*. Zum anderen können sich Glaubenssätze aber auch auf die Welt beziehen: *„Im Leben gibt es nichts zum Nulltarif"*. Ebenso kann es sich bei Deinen Glaubenssätzen um generalisierte Sprichwörter und Aussagen handeln wie etwa *„Es ist noch kein Meister vom Himmel gefallen"*.

Glaubenssätze sind also innere Überzeugungen, Meinungen - die wir uns aus bestimmten Lebenserfahrungen und Erlebnissen selbst gebildet haben oder die wir von anderen Mitmenschen so übernommen haben.

Typische Glaubenssätze sind beispielsweise:

- Männer sind niemals treu.
- Andere wollen Dich immer nur hintergehen!
- Geld macht überheblich und arrogant!
- Ich bin absolut nicht wertvoll und liebenswert.

An solchen und ähnlichen Beispielen kannst Du ganz klar erkennen, dass Glaubenssätze oftmals nur Verallgemeinerungen sind. Es wird etwas in Stein gemeißelt, das in der Realität aber so gar nicht ist oder zutreffen muss. Mit solchen „falschen" Glaubenssätzen erschweren wir uns das Leben nur selbst, denn wir hindern uns damit nur daran, positive Erfahrungen mit uns selbst sowie mit anderen zu machen.

Doch woher kommen solche Glaubenssätze eigentlich?

Diese inneren Überzeugungen, die uns maßgeblich beeinflussen, haben wir im Allgemeinen schon sehr früh in unserer Kindheit entwickelt. Wir haben sie möglicherweise von unseren Eltern oder anderen Bezugspersonen, zu denen wir aufgeblickt haben, übernommen - ohne, dass es uns wirklich bewusst war.

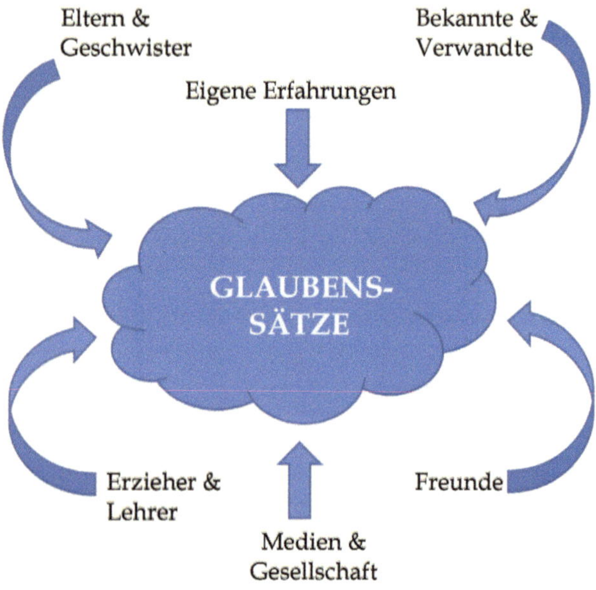

Warum bilden wir uns solche Glaubenssätze überhaupt aus?

Unsere inneren Glaubenssätze geben uns ein gewisses Gefühl der Sicherheit. Sie sind wie ein „Treppengeländer“ an dem wir uns innerlich entlanghangeln und festhalten können. Es schützt uns selbst vor Enttäuschungen. Doch genau diese inneren Überzeugungen können auch einen maßgeblichen Anteil dazu beitragen, dass wir uns selbst immer wieder Schmerzen zufügen und Enttäuschungen erleben. Durch unsere innere Erwartungshaltung ziehen wir nämlich oft genau solche Situationen an, in denen wir unsere Glaubenssätze bestätigt sehen.

Positive innere Überzeugungen beflügeln uns hingegen. Sie bringen uns voran, während uns negative Glaubenssätze bremsen und behindern. Sie halten uns in so vielen Dingen davon ab, tatsächlich glücklich zu werden und ein erfülltes Leben zu führen.

Ich möchte Dir hier ein kleines Beispiel geben:

Du denkst Dir: „Mich liebt keiner. Ich sehe überhaupt nicht attraktiv aus und bin viel zu dick.“

Deine Reaktion auf diesen Glaubenssatz ist, dass Du zunehmend unsicherer wirst und Dich irgendwann überhaupt nicht mehr traust, mit anderen Menschen ins Gespräch zu kommen.

Du wirkst dadurch auf andere Menschen unnahbar und sogar ablehnend! Das Resultat ist, dass Dich keiner mehr anspricht!

Infolgedessen festigt sich in Deinem Inneren die Überzeugung, dass keiner mit Dir spricht, weil Du nicht attraktiv bist und viel zu dick.

Das wiederum führt dazu, dass Du Dich mehr und mehr zurückziehst und in Deinen negativen Glaubenssätzen immer stärker bestätigt fühlst, obwohl diese mit der Realität gar nichts zu tun haben. Deine falsche innere Überzeugung verwurzelt sich dennoch immer tiefer in Dir. Eine fatale Entwicklung!

In der Psychologie wird hier auch von einer sich selbsterfüllenden Prophezeiung gesprochen. Sie nimmt ihren Lauf und zieht Dich in einen wahren Teufelskreis, der überhaupt keine Veränderung Deiner Grundeinstellung zulässt. Es hängt ganz allein an Dir, was Du glaubst. Denk daran, dass Du immer eine Bestätigung Deiner Glaubenssätze, also Deiner inneren Einstellungen und Überzeugungen, finden wirst. Das gilt sowohl für positive Glaubenssätze als auch für negative!

Du allein triffst die Entscheidung für Dein Leben, in welche Richtung Du gehen möchtest. Aus diesem Grund ist es auch niemals zu spät, die eigenen Glaubenssätze zu hinterfragen und der Wurzel negativer Einstellungsmuster auf den Grund zu gehen. Sehr vieles passiert ganz automatisch in unserem Unterbewusstsein. Somit ist der erste wichtig Schritt, dass wir uns unserer inneren Einstellungen überhaupt erst bewusst werden. Wenn wir genau wissen, woher Glaubenssätze kommen, können wir sie auch umkehren und unser Leben ganz neu und positiv gestalten.

Kapitel 3.1.1 - Wie finde ich negative Glaubenssätze?

Doch wie lassen sich Glaubenssätze überhaupt identifizieren?

Nun, die Identifizierung solcher inneren Überzeugungen ist tatsächlich nicht immer ganz so einfach. Doch im Alltag begegnen sie uns immer wieder, so dass wir oft genug die Gelegenheit dazu bekommen.

Das zentrale Stichwort in diesem Zusammenhang lautet „Achtsamkeit“: Es geht darum, ganz achtsam und aufmerksam zu beobachten. Wir müssen Meinungen, die wir für selbstverständlich halten, genau analysieren und hinterfragen. Das Ziel ist es, die begrenzenden und hemmenden Glaubenssätze zu identifizieren. Die positiven Glaubenssätze dürfen und sollen so bleiben, wie sie sind.

Folgende Schritte können Dir beim Erkennen Deiner Glaubenssätze helfen:

1. *Analysiere Deine eigene Gedanken und Deine Sprache!*

Was denkst und sprichst Du über andere Mitmenschen, über ein bestimmtes Thema und vor allem auch über Deine eigene Person? Wie sprichst Du mit Dir selbst und welche Meinungen vertrittst Du, wenn es um eigene Schwächen geht?

In diesem ersten Schritt geht es also darum, herauszufinden, welche Einstellungsmuster in bestimmten Dingen, Situationen und Zusammenhängen dominieren. Um das konkret zu ermitteln, musst Du Deine Gedankengänge genau nachverfolgen und exakt auf Deine Sprache achten.

Dir kann hierbei auch eine kleine Übung helfen:

Nimm Dir ein Blatt Papier und notiere einmal drei negative Dinge, die Du über Dich selbst, über Deine Mitmenschen und die Welt im Allgemeinen glaubst. Hinterfrage diese inneren Überzeugungen ganz intensiv. Sind sie wirklich korrekt? Gibt es Gegenargumentationen?

Das wird Dir mit Sicherheit helfen, einige unerwünschte, negative Glaubenssätze zu erkennen. Und das ist letztlich Deine Chance, sie gezielt anzupacken und in positive umzuwandeln. Wie das genau funktioniert, erkläre ich Dir hier, im weiteren Verlauf.

2. ***Nutze jede Chance, die sich Dir bietet!***
Wenn Du Dich unwohl fühlst, signalisiert Dir Dein Körper, dass etwas noch nicht ganz in Ordnung ist.

Daher solltest Du Deine konkrete Situation exakt analysieren:

Welche Worte, welche Themen und welche Handlungen sorgen für ein inneres Unwohlsein? Wo liegen sozusagen Deine wunden Punkte?

Da, wo Deine Emotionen am intensivsten zum Vorschein kommen, können noch unverarbeitete Dinge schlummern. Es ist gar nicht so einfach und schon gar nicht angenehm, diese Glaubenssätze zu erkennen.

Kennst Du auch solche Situationen im Leben, in denen Du einfach nicht fähig bist, eine bestimmte Handlung durchzuführen? Manche Menschen ziehen sich komplett zurück, andere beginnen zu schreien, zu weinen oder sich zu verteidigen. Unsere Reaktionsmuster sind also ganz unterschiedlich, die auf unsere wunden Punkte drücken.

Werde also hellhörig in Situationen, die Dich anders handeln lassen, als Du es gerne tun würdest.

Kapitel 3.1.2 – Wie können Glaubenssätze gewandelt werden?

Allein durch positives Denken lassen sich unsere inneren negativen Überzeugungen nicht ändern. Wir können Glaubenssätze auch nicht einfach „wegdenken“, ignorieren oder uns von ihnen frei machen. Wir können sie aber durch neue, positive innere Überzeugungen ersetzen. Es ist also grundlegend wichtig, neue positive Belege zu sammeln – und das Tag für Tag!

Unsere Erfahrungen im bisherigen Leben, einschränkende Überzeugungen und selbstzerstörerische Einstellungsmuster können dazu führen, dass wir bestimmte Meinungen über uns selbst entwickeln.

Diese Überzeugungen können eine endlose Liste an unterschiedlichen Reaktionen, Gefühlen und Verhaltensweisen in Dir auslösen. Unser Verstand kann ein sehr strenger innerer Kritiker sein, der uns immer wieder mit negativen Glaubenssätzen „bespielt“, so dass wir unsere Fähigkeiten, aber auch unsere Wünsche immer mehr aus dem Blick verlieren.

Es liegt also in Deiner Hand, negative Glaubenssätze zu enttarnen und in positive umzukehren. Am besten gehst Du dabei nach den folgenden Schritten vor:

1. *Negative innere Überzeugungen bewusst wahrnehmen*

Erkenne Deine negativen Glaubenssätze!

Meistens haben sich allgemeine Redewendungen, persönliche Erfahrungen oder das Mindset unserer Eltern tief in unser Innerstes verwurzelt.

Wenn wir die Ursache unserer negativen Glaubenssätze erkennen, werden wir einen Aha-Effekt erleben.

2. *Hinterfrage Deine inneren Überzeugungen!*

Haben Deine inneren Überzeugungen auch heute noch uneingeschränkt Gültigkeit?

Oder sind sie schon längst Vergangenheit? Wir suchen selbst immer wieder die Bestätigung unserer Glaubenssätze, obwohl diese inneren Meinungen gar keinen Bestand mehr in unserem aktuellen Alltag haben.

Suche gezielt „nach Beweisen“ dafür, dass Deine Glaubenssätze veraltet sind, denn auf diese Weise kannst Du sie widerlegen.

Haben Dir Deine Eltern diese Einstellungen beigebracht? Wenn es zum Beispiel heißt: „Im Leben gibt es absolut nichts geschenkt!“, dann überlege Dir, ob es nicht doch Situationen gab, in denen diese Einstellung widerlegt wurde. Ist Dir nicht doch etwas Wichtiges im Leben durch einen glücklichen Zufall gelungen? Hat Dir nicht doch schon mal ein Freund oder eine Freundin unerwartet und ohne einen besonderen Grund eine Freude gemacht? Hat Dir das freundliche Lächeln einer Verkäuferin den Tag erhellt?

3. Widerlege negative Glaubenssätze!

Vielleicht merkst Du nun allmählich, dass Deine negativen inneren Glaubenssätze im Grunde ganz unbegründet sind und die Realität das komplette Gegenteil ist.

Im oben genannten Beispiel wäre es zum Beispiel die Einsicht, dass man im Leben durchaus viel geschenkt bekommt, wenn man nur mit offenen Augen und einem offenen Herzen durchs Leben geht.

Versuche also gleich einmal, mit dieser neuen Grundüberzeugung Deinen Alltag zu leben und Du wirst merken, wieviele kleinen Geschenke, freundliche Worte, Umarmungen oder sonstige Nettigkeiten Dir begegnen.

Infolgedessen wirst Du ganz automatisch diese positiven Dinge in Dein Leben und somit auch Dein Handeln dementsprechend positiv verändern.

1. Formuliere Deine Glaubenssätze korrekt!
Nun solltest Du an einem Punkt angekommen sein, an dem Du Deine negativen inneren Überzeugungen umkehren und somit auch positiv formulieren kannst.

Negativierungen haben in positiven Glaubenssätzen absolut nichts verloren. Wörter wie „niemals", „kein" oder „nicht" solltest Du so schnell wie nur möglich beseitigen und das Gegenteil davon aussprechen.

Das würde in der Praxis dann zum Beispiel folgendermaßen aussehen:

Ich schaffe das nicht!

Mir gelingt das!

Die anderen sind sowieso besser als ich!

Ich kann das genauso gut wie die anderen.

Ich bin überhaupt nichts wert.

Ich bin ein wertvoller Mensch.

Ich habe weder Liebe, noch Erfolg verdient.

Ich bin ein liebenswerter Mensch und eine fleißige Person! Ich werde von Gott geliebt und bin erfolgreich in dem was ich tue!

2. ***Verankere Deine neuen Glaubenssätze im Unterbewusstsein***

Mit der Zeit werden sich neue positive Glaubenssätze mehr und mehr in Deinem Inneren verfestigen. Sie verwurzeln sich tief in Deinem Unterbewusstsein und beeinflussen Dein Handeln und ebenso Dein Leben wie zuvor die negativen Glaubenssätze.

Nur die neuen positiven Glaubenssätze lenken Dich in eine ganz andere Richtung: Sie weisen Dir den Weg zum Glück, zur Zufriedenheit und einem erfüllten Leben.

Nachdem Du diese Schritte durchlaufen hast, ist es Dir gelungen, negative Glaubenssätze umzukehren. Mit Sicherheit bist Du auch zu der ein oder anderen Erkenntnis gekommen, die Dich noch einige Zeit beschäftigen wird. Das ist auch sehr gut so, denn genau darin liegt der Schlüssel zu einem positiven Bewältigen aller Herausforderungen.

Deine neuen Glaubenssätze musst Du nun noch sinnvoll in Deinen Lebensalltag integrieren. Beobachte Dich in den Momenten, in denen Du beginnst zu zweifeln. Achte darauf, wann sich negative Einstellungs- und Denkmuster einschleichen.

Notiere Dir Deine neuen positiven Glaubenssätze und halte sie auch immer parat.

Erinnere Dich immer wieder an sie, denn auf diese Weise verankerst Du das positive Mindset immer tiefer und die negativen Glaubenssätze lösen sich mehr und mehr auf.

Deine Eigenverantwortung und auch Deine Selbstwirksamkeit werden Dir Kraft schenken und Ängste sowie Zweifel werden immer mehr abklingen. Du wirst immer selbstbestimmter, innerlich kraftvoller und auch selbstbewusster werden!

Kapitel 3.1.3 - Die Macht der richtigen Sprache

Die in Gedanken geprägten, immer wieder gleich gedachten und gesprochen Wörter und Sätze werden im täglichen Gebrauch unbewusst zu einem persönlichen Sprachmuster. Die Sprachmuster gehören in den Bereich der Etymologie. Etymologie gehört zur historischen Linguistik und bezeichnet die Wissenschaft, welche sich mit der Herkunft, der Form sowie der Bedeutung der Wörter auseinandersetzt. Der historische Kontext wirkt noch immer im Gebrauch der Sprache, wenn auch unbewusst.

Wir benutzen oft Wörter und Worte, ohne ‚eigentlichen' Bedarf, sondern lediglich, um die uns fehlenden Worte zu verschleiern, um den Satzrhythmus zu wahren oder schlicht aus Gewohnheit. Es gibt eine große Liste solcher leeren Worte.

Kennst Du eigentlich Deinen Wortschatz? Wir alle wachsen mit der Sprache unseres Umfelds auf. Wir erlernen sie von Eltern und Verwandten, von Erziehern und Lehrern. Wir hören uns die Sprache an und werden mit ihr groß.

Einzelne Redewendungen, Sprichwörter und einzelne Wörter werden uns dabei so selbstverständlich, dass wir diese überhaupt nicht mehr hinterfragen. Wir nehmen sie gar nicht mehr wirklich bewusst wahr. Wir kennen sie und gebrauchen sie sozusagen automatisch.

Es entwickelt sich ein selbstverständlicher individueller Sprachgebrauch, den wir schließlich an unsere Kinder, Freunde oder andere Mitmenschen weitergeben. Und so prägt sich der Wortschatz von einer Generation zur nächsten ein. Die Kette geht dann schließlich so lange weiter, bis jemand „aufwacht und aufhorcht" und diese Alltagssprache aufmerksam zu hinterfragen beginnt.

So gibt es viele verschiedene Sprachmuster, so etwa sie Sprache der Visionäre, die Sprache der Abhängigen, die Sprache der Erfolgreichen sowie der Erfolglosen, die Sprache der Gesunden, der Hektiker, der Friedlichen und vieles mehr. Wir achten kaum auf unseren Sprachgebrauch– weder bei uns noch bei anderen Mitmenschen.

Unser individueller Sprachgebrauch spiegelt unsere bewussten wie auch unsere unbewussten Prägungen und Gedanken wieder. Es hat immer etwas mit uns selbst zu tun und zeigt eine Facette unserer Persönlichkeit. Wenn wir uns ausdrücken, drücken wir etwas von uns selbst aus. Es kann also nichts sein, was nicht in uns ist.

Es ist also sehr wichtig, auf seinen eigenen Wortschatz zu achten, denn die Wörter, die wir tagtäglich gebrauchen sind sozusagen der Baustein unseres Lebens. Es ist immer wieder aufregend und auch sehr aufschlussreich, auf die eigenen Sprachmuster zu schauen.

Wenn Du mehr über Dich selbst erfahren möchtest oder Deinem Leben eine neue Richtung geben willst, musst Du auf Deine Sprache horchen und Deinen Sprachgebrauch richtig kennenlernen.

1. Was sagst Du wirklich?
2. Welche Wirkung hat Dein Denk- und Sprachmuster?
3. Willst Du das so oder geht das an Deinen echten Zielen und Wünschen vorbei?

Es kann sein, dass Du mit Deiner persönlichen Sprache sehr zufrieden bist und Du mit Deinem Denken und der damit verbundenen inneren Einstellung einen großen Anteil Deines Glücks schaffst. In diesem Fall solltest Du Deine Sprachmuster so beibehalten wie sie sind. Es kann aber auch genau anders herum sein, dass Du ungenau formulierst und Deine Ziele damit verfehlst.

Ein besonderes Problem sind Füllwörter. Ein solches aussageloses Füllwort ist zum Beispiel „eigentlich". Ich möchte Dir dieses Wort beispielhaft etymologisch beleuchten: Das „Eigentum" ist also nichts anderes als das „Besitztum" (Besitz-tum), genauso, wie es noch heute gebraucht wird. Hier einige Varianten, die wir sofort verstehen, jedoch aus der Entwicklung der Sprache nicht mehr alle gebräuchlich sind.

Das eigene Haus, der materielle Besitz war in früheren Zeiten verbunden mit der speziellen Bedeutung von „Besitz an Grund und Boden" zum Unterschied zur beweglichen Habe. Dies kam zum Beispiel in der Wendung „erb und eigen" zum Ausdruck, was so viel bedeute wie „das bewegliche Gut und der Landbesitz". Diese Bedeutung kommt auch im Gegensatzpaar „eigen und lehen" zum Vorschein, zum Beispiel:

- im Verwandtschaftsverhältnis: der eigene Sohn.

- in der Zugehörigkeit: eigene Knechte und Mägde (Leibeigentum) damals, wird heute als Mitarbeiter benannt.

- zugehörige Körperteile: am eigenen Leib,

- geistiger Besitz: Der eigene Gedanke,
- als Gegensatz zum Allgemeinen: ... das ist meine eigene Sache,
- als sonderbarer Mensch: Er ist etwas eigen.

Du siehst also, wie das Wort „eigentlich“ als offensichtlich aussageloses Füllwort, die Aussage eines Satzes verwässert, es kann etwas verbergen, es kommt nicht auf den Punkt und kann die Wahrheit leicht verschleiern.

Wenn Du Deine Affirmationen formulierst, solltest Du daher auf Füllwörter verzichten. Sie ziehen Deine Gedanken in die Länge, verschleiern und verunsichern. Formuliere lieber kurz, prägnant und positiv!

Formuliere auch nicht im Konjunktiv: „Ich würde gerne...“ oder „Ich könnte bald...“. Solche Formulierungen schwächen Deine Aussage ab. Daher sollten Deine Affirmationen ohne Umschweife formuliert sein.

Drücke Deinen Optimismus sprachlich aus und sende bewusst positive Signale. Streiche unnötige Füllwörter und negative Wörter wie „nicht“ aus Deinem Wortschatz und sprich positiv.

Kapitel 4 - Affirmieren

Affirmationen zu nutzen ist eine der einfachsten und zugleich bekanntesten Techniken, wenn es darum geht, sich selbst in eine bestimmte Richtung zu verändern.

Positive Affirmationen helfen Dir, Deine Ziele und Wünsche zu erreichen.

Dir sollte klar sein, dass wir unbewusst und nahezu pausenlos negative Affirmationen machen und zwar, indem wir unserem negativen Mindset freien Lauf lassen. Unser Gehirn hat von Natur aus, die Tendenz, sich auf die Schwierigkeiten und die Gefahren im Alltag zu fokussieren und sie auch größer darzustellen, als sie eigentlich sind. Doch diese Sorgen führen dazu, dass wir genau das wahrnehmen, was sie bestätigt und uns auch dementsprechend verhalten.

Jeden Tag können wir selbst bestimmen, was wir denken. Wir haben so viel Zeit, unser Potenzial auszubauen, Positives oder Negatives zu denken, zu grübeln, uns zu sorgen oder mit Freude vorwärts zu gehen. Es liegt an uns allein!

Das Ziel ist dabei unsere Emotionen und unser Verhalten langfristig und nachhaltig zu ändern. Denken, Fühlen und Handeln sind drei Komponenten, die sich wechselseitig beeinflussen. Wenn

Du also durch Affirmationen Deine Gedanken änderst, dann verändert sich nach einer gewissen Zeit auch Dein Verhalten und Deine Emotionen ziehen nach.

Kapitel 4.1 - Was sind Affirmationen?

Eine Affirmation lässt sich folgendermaßen definieren:

„Es handelt sich hierbei um eine bejahende Aussage, also einen positiv formulierten Satz".

Der Begriff stammt aus der lateinischen Sprache: „Affirmatio" bedeutet übersetzt so viel wie „Versicherung", „Beteuerung".

Eine Affirmation kann demnach so gut wie alles sein, doch ein besonders mächtiges Werkzeug sind diese positiv formulierten Sätze vor allem im Mentaltraining. Und hier kommen noch zwei wichtige Komponenten hinzu, nämlich zum einen der gezielte Fokus und zum anderen die Wiederholung.

Der ***gezielte Fokus*** meint, dass eine Affirmation immer mit einer klaren Richtung, einem festen Ziel verbunden sein muss.

Wiederholung bedeutet in diesem Zusammenhang, dass Affirmationen nicht nur ein einziges Mal formuliert und vorgetragen werden. Viel wichtiger ist es, sie über eine längere Zeitspanne immer wieder auszusprechen – ja, zu wiederholen!

Nur auf diese Weise kann eine Affirmation zu einer Denk-Gewohnheit werden und somit Dein Leben maßgeblich verändern.

Kurz auf den Punkt gebracht: Bei einer Affirmation handelt es sich um eine positiv formulierte Aussage, die über eine längere Zeitspanne regelmäßig ausgesprochen, geschrieben und damit wiederholt wird, um ein zuvor definiertes Ziel zu erreichen.

Doch wie wirken Affirmationen nun konkret?

Wie eine Affirmation Dein Verhalten letztlich genau beeinflusst, lässt sich nicht konkret vorhersagen. Aber eine passende Affirmation lenkt Deine Denkweise und dementsprechend auch Dein Verhalten in die Richtung Deiner Ziele. Das ist auch dann der Fall, wenn Du es noch nicht unmittelbar erkennen kannst.

Dein Unterbewusstsein weiß letztlich mehr als dein Bewusstsein und so können sozusagen aus „dem Untergrund" heraus, Strategien erwachsen, die Du vielleicht so gar nicht bedacht hättest.

Doch Dein Unterbewusstsein weiß nicht nur mehr als Dein Bewusstsein, sondern es ist auch stärker. So haben negative Glaubenssätze, die sich in Deinem Unterbewusstsein festgesetzt haben, auch eine sehr starke Wirkung. Falsche innere Überzeugungen wie *„Ich werde immer zu dick sein“* oder *„Einen solchen Job werde ich niemals finden“* hindern Dich daran, vorwärts zu kommen. Positive Glaubensüberzeugungen hingegen unterstützen, fördern und beflügeln Dich!

Es reicht somit nicht aus, sich „nur“ bewusst für ein Ziel zu entscheiden und mit Disziplin darauf hinzuarbeiten. Du musst vielmehr in Deinem Inneren fest davon überzeugt sein! Und genau dabei unterstützen Dich Affirmationen!

Mit einer Affirmation gelingt es Dir, negative Glaubenssätze, die Dich hemmen und behindern, abzulegen und durch neue positive Glaubenssätze umzukehren. Auf diese Weise verändert sich Deine Wahrnehmung aber auch Dein Handeln. Wenn Du denkst *„mein Kontostand wird immer höher steigen“* anstatt *„mein Einkommen reicht ohnehin vorne und hinten nicht aus“* dann wirst Du eine Finanzierungsoption eher als Chance betrachten statt als Risiko.

So wirst Du die Gelegenheit der Investition auch viel eher wahrnehmen.

Kapitel 4.1.1 – Wie ist eine Affirmation aufgebaut?

Affirmationen sind der Booster für Deinen Erfolg. Dadurch schenkst Du Deinem Unterbewusstsein eine komplett neue Orientierung.

Der zentrale Baustein einer Affirmation sind demnach unsere Gedanken, denn sie haben einen entscheidenden Einfluss darauf, wie wir uns fühlen. Wenn sich unsere Emotionen ändern, verändert sich dadurch auch unser Verhalten sowie unsere Entscheidungen.

Um Dich intern also richtig zu programmieren, musst Du Affirmationen richtig formulieren. Sie müssen eine positive Emotion in Dir hervorrufen. Das intensiviert den Effekt maßgeblich und Dein Unterbewusstsein kann es viel besser aufnehmen, wenn ein bestimmtes Gefühl daran haftet.

Man könnte durchaus sagen, dass Gefühle das Salz in der Suppe sind. Ohne konkrete Gefühle wird Dein Wunsch so langweilig und effektlos wie eine ungewürzte Suppe sein. Aus diesem Grund musst Du bei Deinen Affirmationen bitte darauf achten, dass immer ein Gefühl mitgekoppelt wird.

Ein weiterer zentraler Baustein einer Affirmation ist die Einfachheit. Du solltest simpel, kurz und prägnant formulieren. Wenn Affirmationen falsch formuliert werden, können sie sogar eine negative Auswirkung haben. Aus diesem Grund solltest Du Dir unbedingt Zeit nehmen und Dich mit der korrekten Formulierung auseinandersetzen. So kannst du Fehler im Vorhinein ausschließen und ersparst Dir zudem, in die falsche Richtung gelenkt zu werden.

Für den Aufbau und die Formulierung einer Affirmation gelten grundsätzlich folgende Punkte:

- Verwende niemals Worte wie „nicht“, „keine“, „niemals“, „eigentlich“ oder sonstige Verneinungen. Durch das Weglassen dieser Wörter entsteht nach etwas Übung wie von allein ein anderer Satzbau, der dir den Denk- und Richtungswechsel einleitet.

- Konzentriere und fokussiere Dich auf das, was Du sagen und erreichen möchtest. Formuliere Affirmationen immer positiv und richte den Fokus exakt auf Dein Ziel aus. „Ich möchte nicht mehr schüchtern sein“: Hier liegt das Hauptaugenmerk auf der Schüchternheit, doch viel besser ist folgende Affirmationen: „Ich habe genügend Selbstbewusstsein und kann vor anderen auftreten“.

- Achte beim Aufbau Deiner Affirmationen auf präzise und kurze Sätze. Es geht nicht darum, einen Roman zu schreiben, um Dein Unterbewusstsein davon zu überzeugen, dass du bestimmte Wünsche oder Ziele realisieren möchtest.

Zu lange Sätze mit zu vielen Informationen haben eine kontraproduktive Wirkung. Sie lenken Deine Aufmerksamkeit nicht auf den wichtigen Kernpunkt – auf Dein Ziel.

Unnötig lange Affirmationen sind zudem schwer merkbar. Auch werden sie beim Wiederholen leichter durcheinandergebracht.

- Fokussiere Dich am besten zunächst einmal auf eine Sache. Wenn Du gleich mehrere Dinge in Angriff nehmen möchtest, dann lege Dir für jede Sache eine eigene Affirmation zurecht. Konzentriere Dich nach und nach dann darauf.

  Vor allem am Anfang können Dich zu viele Affirmationen durcheinanderbringen und sehr viel Zeit kosten. Du bist dann letztlich unter Umständen enttäuscht, weil es viel länger dauert als erwartet und lässt dich vielleicht von Zweifeln sogar ganz vom Weg abbringen.

  Gehe daher schrittweise und langsam vor und mache einen Schritt nach dem anderen.

- Wie gesagt, sind Gefühle ein zentraler Baustein Deiner Affirmation.

- Emotionen sind der Schlüssel, damit Deine Affirmationen die nötige Kraft und den richtigen Schwung haben, um Deine Ziele schnell Wirklichkeit werden zu lassen.

- Lege jegliches Mangelbewusstsein ab.

  Lass alle Begrenzungen aus Deinen Affirmationen raus. Wörter wie „nicht“, „kein“, „wenig“, „immer“, „nie“ oder ähnliches haben in Deinen Affirmationen nichts verloren. Sie rufen lediglich ein Mangelbewusstsein in Dir hervor. Setze viel lieber auf Formulierungen wie „viel“, „unendlich“, „von Tag zu Tag mehr und mehr“, usw.
  In Affirmationen für die Finanzen kannst Du Dich auch auf einen exakten Betrag beziehen. Um keine Begrenzung nach oben einzubauen, nutze nachgelagert Wörter mit unbestimmter Vielzahl, so z. B. „… und mehr“.

- Richtig visualisieren
  Stelle Dir einmal vor, dass Du die Eigenschaft, die Du Dir wünscht bereits besitzt oder Dich in der Situation, die Du herbeisehnst, schon befindest. Finde heraus, wie sich die erreichte Position für dich anfühlt.

- Die Visualisierung in Kombination mit dem richtigen Gefühl ist das kraftvollste Werkzeug.

- Wenn Du Dich in der jeweiligen Situation siehst, die passenden Emotionen aufbringst und zudem noch die feste Überzeugung an den Tag legst, dass sich Deine Vorstellung tatsächlich verwirklichen wird – dann steht der Realisierung Deines Zieles nichts mehr im Weg.

Eine Affirmation kann in der Praxis nach festen Bausteinen aufgebaut werden.

Im Allgemeinen ist es folgendes Muster:

1. ***Ich – das Subjekt***
2. ***Dein Text – das Verb***
3. ***Dein Text – das Adjektiv/Substantiv***
4. ***Dein Text – das Objekt.***

Das mag jetzt verwirrend klingen, daher möchte ich das gerne an einem Beispiel verdeutlichen:

1. ***Subjekt: Wer handelt?***

Sag Dir hier am besten „Ich" denn das wirkt kraftvoller und aktiver als allgemeine Formulierungen wie „Mein Leben" oder „Es ist".

Nun kannst Du die unterschiedlichsten Versionen ausprobieren:

„Ich bin voller Energie und erreiche mit Freude mein Wunschgewicht."

Formuliere mehrere Versionen und lasse sie gezielt auf Dich wirken. Was ist aktiver? Was fühlt sich für Dich besser an?

Der zweite Baustein besagt, was Du tun möchtest.

Der dritte Baustein besagt welche Emotion dahinter steckt.

Der vierte Baustein ist das Objekt: Hier sagst Du also genau aus, was Du erreichen willst. Ist es mehr Glück, ein höheres Einkommen oder doch ein Traumgewicht?

Beispiele:

Ich vertraue selbstbewusst mir selbst und meinen Talenten!

Ich verdiene mit Freude 50.000 Euro jährlich und mehr.

Ich bin gesund und fit und erreiche in 2 Monaten mein Idealgewicht.

Kapitel 4.1.2 - Wie werden Affirmationen angewendet?

Affirmationen kannst Du auf breitgefächerte Art und Weise anwenden.

So kannst Du schon vorhandene Affirmationen in vielen verschiedenen Bereichen anwenden, indem sie zum Beispiel nur geringfügig abgewandelt werden müssen.

Damit sich der gewünschte Erfolg einstellen kann, muss die Affirmation in sich stimmig sein und Du musst gut mit ihr zurechtkommen.

Wenn es darum geht, Affirmationen richtig anzuwenden, möchte ich Dir folgende Punkte empfehlen:

- Nimm Dir ausreichend Zeit.

- Übe Dich in einer entspannten Grundhaltung.

- Richte Dir kleine feste Rituale ein - zum Beispiel zum Abend.

- Sag Deine Affirmation nicht nur im Stillen auf. Spreche die Affirmation auch laut aus, denn dadurch wird die Wirkung gesteigert. Das Gehör übernimmt eine zusätzliche Kontrolle über die Stimmigkeit der Worte, die Du laut aussprichst. Deine Ohren werden somit zu einer weiteren wertvollen Wahrnehmungsquelle.

- Du kannst Deine Affirmationen auch auf mehrere Post-it aufschreiben und in der Wohnung verteilen: Klebe sie an den Spiegel, an den Kühlschrank, den PC-Monitor oder die Haustür. Immer dann, wenn Dir ein solcher Zettel in den Blick fällt, wirst Du wieder an Deine Affirmation erinnert.

- Je häufiger Du an eine Affirmation erinnert wirst, desto mehr erhöht sich die Wirksamkeit dieser Affirmation. Das Gehirn wird also stärker mit dieser Affirmation trainiert.

- Du kannst Deine Affirmationen auch auf ein Band sprechen und sie immer wieder anhören.

Als Bonus zu diesem Buch findest Du unter www.carola-riss.de/bonus meine kostenlose CD als Download. Sie hilft Dir, Dich bei Autogenem Training zu entspannen und Deine Affirmationen optimal im Alltag umzusetzen. Hol Dir diese wertvolle Unterstützung und höre sie Dir regelmäßig an.

- Ebenso hat es eine verstärkende Wirkung, wenn Du deine Affirmationen täglich per Hand aufschreibst. Diese Schreibbewegung aktiviert das Gehirn. Schreibe Deine Affirmationen mindestens 10 Mal täglich oder mehr auf.

Bevor die Affirmationen konkret zur Anwendung kommen, müssen die richtigen ausgewählt werden.

Benutze zu Beginn ein Thema, das Dich intensiv beschäftigt: Auf diese Weise gewinnst Du Erfahrungen, Mut und auch viel Sicherheit. Wähle Deine Sätze so aus, dass sie Deine Wünsche perfekt stützen. Verstärke Deine Sätze durch ermutigende Details, die Dich persönlich auch erfreuen.

Das Wichtigste ist: Entscheide Dich für Formulierungen, die äußerst positive Gefühle in Dir hervorrufen.

Setze auf die Kraft der Visualisierung: Das heißt, stelle Dir möglichst bildhaft vor, was Du Dir wünscht.

Entwickle starke innere Bilder für Deine Affirmationen.

Stelle Dir vor, dass sich Dein Wunsch schon realisiert hat. Formuliere also Deine Affirmationen in der Gegenwartsform und verleihe Deinem inneren Bild durch kraftvolle positive Emotionen eine starke Energie. Beispielhaft kann das folgendermaßen aussehen:

„Ich wiege 70 Kilogramm und das ist optimal so.“ anstatt „Ich werde in 3 Monaten die 70 Kilogramm-Marke erreicht haben“.

Zahlreiche Coaches und Mentaltrainer vertreten die Annahme, dass unser Unterbewusstsein Bejahungen nicht von Verneinungen unterscheiden kann. Wissenschaftlich ist das nicht belegt, dennoch ist es ratsam Affirmationen in einer bejahenden und somit positiven Form zu formulieren. Wenn Du die Affirmation wählst: *„Ich möchte nicht mehr dick sein“* dann versteht Dein Unterbewusstsein nur den Teilbereich „dick sein“ und das ist nicht die Art der Neuprogrammierung, die Du Dir wünscht. Gib Deinem Unterbewusstsein vielmehr eine klare und eindeutige Botschaft – und zwar in der Gegenwartsform:

„Ich bin schlank und attraktiv“.

Lass Deine Affirmationen auf Deinen gesamten Körper wirken und werde sozusagen eins mit ihnen. Stelle Dir den Zustand, mit dem Dich Deine Affirmation verbinden soll, ganz intensiv vor. Fühle Dich in die Vorstellung des erreichten Zustands ein.

Spüre wie sich Deine Affirmation immer mehr verwirklicht. Spüre, wie sich all deine Fähigkeiten für die Affirmationen entwickeln.

Du wirst sehen, wie Du jeden Tag eine positivere Einstellung sowie ein hohes Maß an Kreativität erreichst – und genau das brauchst Du, um Deine Affirmationen zu realisieren.

Nimm die Impulse in Dir und auch von außen wahr, die Dir bei der Verwirklichung Deiner Affirmationen helfen.

Entspanne Dich immer mehr in die Affirmation hinein.

Öffne Dich mehr und mehr der heilenden Energie, damit die kreativen und positiven Kräfte in Dir wachsen können. Genieße die wohltuenden Effekte und die positiven Veränderungen, die Deine Affirmationen mit sich bringen.

Beende jede Deiner Affirmationen als Dank. Danke Gott – so wie Du ihn für Dich siehst – und danke ihm sowie dem Universum für die Verwirklichung Deines Wunsches und Traumes.

Kapitel 4.1.3 – Wie lange wende ich eine Affirmation an?

Wenn Du Deine Affirmationen einige Tage lang gut erfolgreich anwendest, wirst Du schon sehr bald großartige Resultate feststellen. Manchmal spüren wir sogar, dass wir unserem Ziel einen entscheidenden Schritt nähergekommen sind.

Manchmal dauert es auch, bis sich die ersten Ergebnisse zeigen. In dieser Phase neigen dann viele in alte Denkgewohnheiten zurückzufallen. Umso wichtiger ist es, Dich darauf einzustellen und gezielt an Deinen guten Affirmationen festzuhalten.

Es ist also völlig normal, dass sich das Affirmations-Training in den ersten Tagen merkwürdig anfühlt. Lass Dich davon bitte nicht dazu hinreißen, aufzugeben. Halte diese Phase aus und mach motiviert weiter mit Deinem Affirmations-Training.

Motiviert durchhalten ist wichtig, ganz klar, dennoch solltest Du Dir selbst nicht zu viel Druck machen. Es gibt auch eine Affirmation, um die anfänglichen Schwierigkeiten durchzuhalten und diese möchte ich hier gerne mit Dir teilen:

„Ich erlaube den von mir gewählten Affirmationen immer besser und kraftvoller in meinem Leben zu wirken. Mein Training mit meinen Affirmationen macht mein Leben täglich besser. Ich genieße es rundum mich stetig weiterzuentwickeln und als Mensch mehr und mehr über mich hinauszuwachsen. Ich möchte mein gesetztes Ziel erreichen."

Du musst eine Portion Geduld auf jeden Fall mitbringen, wenn es um das Anwenden der Affirmationen geht. Wiederhole dafür häufig genug Deine Affirmationen. Es reicht nicht, diese nur ab und zu aufzuschreiben. Damit wirst Du das Unterbewusstsein langfristig nicht beeindrucken können.

Die goldene Regel lautet:

„Tagtäglich und konsequent – bis das gesteckte Ziel erreicht ist!"

Beharrlichkeit ist ebenfalls eine sehr wichtige Komponente! Je konsequenter und beharrlicher

Du bei Deinen Affirmationen vorgehst, desto schneller wirst Du auch Deine Träume und Ziele erreichen.

Auch der Glaube an Deine Affirmationen ist von zentraler Bedeutung. Wenn Du am Anfang noch nicht zu 100 % daran glauben kannst, ist das kein Weltuntergang. Der Glaube versetzt bekanntlich Berge und auf dieser Weisheit wird sich einstellen, denn auf dieser Grundlage wirst Du mit Deinen Affirmationen beste Ergebnisse erzielen.

Wenn Du Deine Affirmation für Dich definiert hast, kannst Du Dir die dafür tägliche Zeit bestimmen. Am besten den ganzen Tag über, sowohl nach dem Aufwachen und mittags als auch abends und kurz vor dem Einschlafen. Lass Dich von Deiner Affirmation begleiten und lebe das Gefühl, als ob Du Dein Ziel bereits erreicht hättest.

Spreche Deine Affirmationen laut und auch leise immer wieder vor. Versuche Dich immer wieder auf die Emotion zu konzentrieren, die sich einstellt, wenn Du Dein gestecktes Ziel erreicht hast.

Doch Achtung: Tappe nicht in die wichtigste Stolperfalle beim Arbeiten mit Affirmationen! Das passiert leider sehr vielen Menschen. Sie beginnen richtig, die Affirmationen zu verinnerlichen und zu üben, doch sie hören zu früh damit auf. Und schließlich ist dann das Staunen groß, dass alles nichts gebracht hat!

„Affirmationen haben bei mir überhaupt nichts gebracht."

Wenn Du einen solchen Satz hörst, dann hat man hier vermutlich viel zu früh mit dem Üben aufgehört. Es braucht eine gewisse Konsequenz und auch eine Intensität und Ausdauer. Wie lange es konkret dauert, hängt zum einen vom Thema Deiner Affirmation ab, aber auch von der Übungsintensität: Im Allgemeinen dauert es 7 Tage bis sich die Affirmation richtig eingeprägt hat. Bei großen Widerständen empfehle ich Dir für 7 Tagen eine abgewandelte, ähnliche Affirmation zu nutzen und dann die Affirmation für einen Zeitraum von 21 Tagen einzuüben.

Anstrengend? Keinesfalls! Wenn Dir deine Sache wirklich wichtig ist und Du Deine Wünsche, Ziele und Träume von Herzen erreichen willst, dann wird Dir das nicht zu viel investierte Zeit sein.

Die Herausforderung ist oftmals das Durchhalten, und zwar den inneren Schweinehund zu überwinden und das Affirmations-Training regelmäßig durchzuführen.

Kapitel 4.1.4 – Was ist zu tun, wenn Widerstände beim Affirmieren bestehen?

Innere Widerstände können immer wieder auftreten. Du musst Dir unbedingt im Klaren darüber sein, dass die Affirmation, die Du gerade trainierst, mit Deinem aktuellen Selbstbild nicht übereinstimmen. So kann es vor allem in der Anfangszeit immer wieder dazu kommen, dass Du die von Dir gewählte Affirmation als „falsch" einstufst und Dich sozusagen innerlich dagegen wehrst.

Das Wichtigste ist aber: Nicht aufgeben!

Bleibe hartnäckig und konsequent, denn Veränderung braucht nun mal seine Zeit. Doch erfreulicherweise ist das Selbstbild nicht in Stein gemeißelt. Du kannst definitiv etwas daran ändern. Dein Gehirn hat hier noch keine Erfahrungswerte, denn Du hast mit Deinem neuen, gewünschten Selbstbild einfach noch keine Erfahrungen gemacht. Daher braucht es ein wenig Zeit und Übung, doch wie das bekannte Sprichwort sagt: „Wer wagt, der auch gewinnt!" Halte an Deinem Weg fest, sei überzeugt von Deinen Affirmationen und wage den Weg in ein neues Ich! Mit Disziplin und Durchhaltevermögen wirst Du es erreichen.

Es gibt viele verschiedene innere Widerstände, die beim Üben mit Affirmationen auftauchen können. Dazu gehören zum Beispiel Selbstzweifel, Aufschieberitis, Zeitmangel oder viele weitere Ausreden. Das trifft übrigens nicht nur auf Affirmationen zu, sondern auch auf andere Aufgaben und Aktivitäten.

Lass Dich von solchen inneren Widerständen bitte nicht entmutigen. Denk immer daran, dass Dein aktuelles Ich den Status Quo viel lieber mag: Es vermittelt natürlich mehr Sicherheit als das unbekannte Abenteuer, das unter Umständen gefährlich sein könnte.

Umso wichtiger ist es, den Umgang mit inneren Widerständen als eine zentrale Aufgabe anzunehmen. Analysiere die Widerstände genau und versuche zu ermitteln, welche Umstände Dich nicht vorankommen lassen. Hast Du richtige Affirmationen gewählt? Sind sie korrekt formuliert? Sind die Affirmationen bejahend?

Affirmationen müssen bejahend sein und keine Fragesätze, also beispielsweise:

„Das Leben ist wunderschön und beschenkt mich jeden Tag mit unterschiedlichen Freuden.“: Das ist die richtige Affirmation.

Falsch wäre: *„Warum beschenkt mich der Tag nicht mit unterschiedlichen Freuden?“*

Glaube Deinen Affirmationen und glauben an Dich selbst! Wenn Du Dir selbst nicht genügend glauben kannst, kann Deine Affirmation auch nicht wirken.

Vergiss auch die Emotionen nicht, denn sie sind, wie bereits dargestellt der Schlüssel, damit Deine Affirmationen wirken können. Das innere Bild, das Du von Dir zeichnest, muss Dich glücklich machen, Dir neue Energie schenken und Dich beflügeln.

Arbeite gezielt gegen diese Widerstände, halte an Deinen Affirmationen geduldig fest und gib nicht auf. Deine Belohnung wird groß sein!

Wenn Du Deinen eigenen Widerstand kennenlernst, dann stehst Du Dir selbst nicht im Weg! Du lernst Deine Träume zu leben und kannst Dich stetig weiterentwickeln.

Wenn es Dir gelingt, ehrlich und aufrichtig hinzusehen und den Widerstand anzunehmen, wenn Du es schaffst, Dich für Neues zu öffnen, dann werden sich auch Deine Widerstände auflösen! Hole all den Schutt aus Deinem Unterbewusstsein nach oben. Hole alles hoch, was Dich hemmt und blockiert. Setze Dich damit auseinander, indem Du alles sprichwörtlich vor Dir ausbreitest.

Erkenne Deine Ziele!

Überlege Dir genau, was Du davon hast, wenn Du an alten Dingen festhältst? Warum solltest Du Dich gegen eine Veränderung wehren? Welchen „versteckten“ Vorteil hättest Du unter Umständen, wenn alles so bleibt, wie es aktuell ist?

Häufig sitzt die Ursache hierfür in Deinem Unterbewusstsein und zielt wie bei einem Puppentheater die Strippen für Dein Denken und Tun. Und Dir ist das nicht einmal bewusst, denn es geschieht ja unbewusst.

Denke gründlich und ehrlich darüber nach, was Du möglicherweise verpassen könntest, wenn Du dort bleibst, wo Du aktuell stehst. Gibt es verpasste Emotionen, Erlebnisse, Erfolge oder Erfahrungen?

Vielleicht kannst Du Dir auch schriftliche Notizen zu diesen Überlegungen machen! Sie werden sehr hilfreich und aufschlussreich für Dich sein.

Überarbeite Deine eigenen Lebenspläne. An was orientierst Du Dich im Leben? Wo ist Dein roter Faden?

Ich möchte Dir hierzu ein kleines Beispiel geben:

Denkst Du daran, mit 35 Jahren verheiratet zu sein, zwei Kinder zu haben und in einem schönen Häuschen am Stadtrand zu wohnen?

Was passiert konkret, wenn Du Dein 35. Lebensjahr erreichst, doch sich Deine Träume nicht verwirklicht haben? Wirst Du Dich dann innerlich geißeln und als Versager fühlen? Das sind nur destruktive Gedanken, die mit negativen Gefühlen einhergehen.

Bereust Du, dass Du das ein oder andere nicht getan hast? Das ist ein Gefühl, dass Dir definitiv nicht guttut.

Wir alle bereuen Dinge, die wir nicht getan haben und solche „Lebenspläne“ können uns innerlich wirklich schaden. Das ist insbesondere dann der Fall, wenn wir nicht selbst an sie und ihre Verwirklichung glauben. Aus diesem Grund solltest Du solche gespeicherten Lebenspläne genau überdenken. Glaubst du an Sie? Glaubst Du daran, dass Du Deine Ziele erreichen wirst?

Wenn nicht, dann verändere diese Pläne! Sie sind nicht für alle Ewigkeit in Stein gemeißelt. Sie haben nur die Bedeutung, die Du selbst ihnen zumisst. Damit will ich Dir nicht sagen, dass Pläne nicht gut sind, ganz im Gegenteil: Sie sind nützlich und gut, denn wir verändern uns mit jeder Sekunde unseres Lebens. Das muss und soll so auch sein!

Wir werden mit jeder Erfahrung reicher, weiser und selbstsicherer. Doch unsere Lebenspläne und Ziele dürfen wir auch an unsere persönlichen Veränderungen anpassen. Sei also offen, denn so wirst Du Deine inneren Widerstände beseitigen können und Erfolg mit Deinen Affirmationen erzielen!

Kapitel 5 – Manifestation der Affirmation

Schreibe auf und es geschieht

Manifestation könnte mit „Sichtbarwerden" oder „Sich-zu-erkennen-geben" umschrieben werden. In der Psychologie und der Spiritualität bedeutet die Manifestation das bewusste Erschaffen der eigenen Wirklichkeit: Es geht also im Kern um das Verfestigen der eigenen Visionen, Träume und Ziele.

Erlaube Dir selbst zu träumen! Werde Dir Deiner Vorstellungen und Wünsche bewusst.

Die Manifestation ist im Übrigen ein automatischer Vorgang. Wir können also nicht „nicht-manifestieren". Wenn wir also Wünsche, Träume und Ziele nicht bewusst formulieren und manifestieren, dann manifestieren wir Vorstellungen unterbewusst. Dein Geist ist bei diesem Prozess ein zentrales Werkzeug: Er spielt eine unglaublich wichtige Rolle, um Dir ein Leben nach Deinen Vorstellungen und Wünschen schaffen zu können. Die Manifestation ist also die Erschaffung Deiner gedanklichen Wirklichkeit. Die tatsächliche Wirklichkeit stellt aber das dar, was ist. Unsere eigenen Vorstellungskräfte können manchmal täuschend echt sein, doch wir können und dürfen sie nicht mit der Realität verwechseln.

Die äußere Welt ist eine Reflektion unserer inneren Welt. Um also eine Änderung in der äußeren Welt zu erreichen, müssen wir uns in unserem Inneren verändern. Wir dürfen aber nicht vergessen, dass die Manifestation nicht einzig auf der Verstandesebene abläuft.

Für den Vorgang des Manifestierens ist es daher unverzichtbar wichtig, dass Du Dich wohlfühlst, um positive Ziele, Glaubenssätze und Affirmationen formulieren und auch manifestieren zu können. Deine Gefühle sind dabei entscheidend wichtig und diese werden auch von vielen verschiedenen Gesichtspunkten beeinflusst. Das können Worte, Gerüche, Gedanken oder sogar Töne sein. Deine Emotionen können sich also bei einem bestimmten Gedanken oder einem Geruch schlagartig auch ändern. Auch mit Bildern assoziieren wir oft unterschiedliche Gedanken und Emotionen. Wir sind aber immer in der Lage, unsere Emotionen zu verändern, um unsere gesteckten Ziele zu erreichen - und das so oft es nun mal notwendig ist.

Beim Manifestieren ist es unverzichtbar wichtig, sich der eigenen wahren Ziele, Träume und Wünsche bewusst zu werden.

Für das Manifestieren musst Du keine Superheldenkräfte besitzen. Im Grunde kann das jeder von uns tun. Eine überzeugende Vision ist aber immer das Fundament für diese Manifestation. Lass Deiner Kreativität einfach freien Lauf und nimm Dir die Zeit, die Du brauchst. Das ist wichtig, damit Du Deine Vorstellungen und Wünsche genau definieren kannst. Reflektiere Dich selbst jeden Tag, damit Du herausfinden kannst, was Du Dir wünscht.

Du kannst dafür beispielsweise jeden Abend festhalten, was Dir Gutes passiert ist oder was Du verändern möchtest. Das kann dich dabei unterstützen, Dir Deiner Wünsche und Ziele noch besser bewusst zu werden.

Jeder Deiner Wünsche und Träume hat eine Daseinsberechtigung. Hier gibt es weder richtig noch falsch! Vergiss das bitte nicht! Mache Dir selbst sichtbar, was Du möchtest, denn so kannst Du dich mehr und mehr in die richtige Richtung bewegen. Wir machen es uns häufig nur selbst schwer, indem wir uns einreden, dass das Leben kein Wunschkonzert ist. Vielleicht wurde uns auch als Kind beigebracht, mit dem Träumen aufzuhören und stattdessen lieber der Realität ins Auge zu schauen! „Wünsch Dir was und Du wirst es auch bekommen“ – klingt eher wie ein Märchen. Solche falschen Prägungen können uns jedoch maßgeblich daran hindern, unsere eigene Schöpferkraft zu entdecken und auszuleben.

Ein Großteil der Menschen denkt immer wieder gleich, fühlt immer wieder dasselbe und verhält sich auch immer in der gleichen Art und Weise. Es ist klar, dass mit festen und starren Mustern keine Veränderung stattfinden kann. Wir müssen immer wieder bereit dazu sein, eine neue Realität zu kreieren und die gute Nachricht ist: Das ist definitiv möglich! Du kannst aus Deinem Kreislauf ausbrechen. Neue Entscheidungen für Dein eigenes Leben zu treffen, verändert Dich und Dein Handeln automatisch. Ein verändertes Tun führt gleichzeitig zu neuen Erlebnissen und Erfahrungen. Aus neuen Erlebnissen erwachsen neue Emotionen und so erlebt auch Dein gesamtes neuronales Netzwerk einen kompletten Aufschwung!

Veränderungen bieten Dir ein MEHR. Sie sind ein Abenteuer. Lass Dich darauf ein, anstatt alles negativ zu bewerten. Du wirst sehen, wie Dein Leben jeden Tag ein Stückchen mehr in die positive Richtung gehen wird.

„…Klopfet an und euch wird gegeben werden“ (Mt., 7,7 ff.)“: Dieser Vers aus der Heiligen Schrift verdeutlicht schon den Kern dessen, um den es hier geht. Wenn Du an Deinem neuen Ich arbeitest, wenn Du bereit bist anzuklopfen und Dich auf Veränderungen einzulassen, dann wirst Du belohnt werden. Dir wird das Tor zu einem neuen Leben geöffnet werden.

Das Wichtigste, was Du also für das Manifestieren brauchst, ist die Klarheit über Deine Wünsche und Ziele!

Wenn Du bereits weißt, was Du erreichen möchtest, dann hinterfrage auch Deine Zwecke! Warum möchtest Du ein bestimmtes Ziel erreichen? Nimm Dir auch für Deine Zielformulierung ausreichend Zeit. Lege Dir eine Art Tagebuch an und beantworte für Dich einige Fragen:

- Was soll sich in meinem Leben erfüllen, damit ich rundum glücklich und zufrieden sein kann?

- Wieviel möchte ich in meinem Leben haben?

- Was ist mir selbst wirklich von Herzen wichtig?

Du kannst diese Fragen für Dich auch immer wieder neu beantworten. Nimm Dir auch tagsüber Zeit, die Antworten zu reflektieren.

Eine zentrale Voraussetzung für erfolgreiches Manifestieren ist die Ehrlichkeit zu Dir selbst. Erst wenn Du aufrichtig zu Dir selbst bist, ist eine gute Veränderung und ein positives Wachstum möglich. Ist Dir beispielsweise Gesundheit wichtig? Dann hinterfrage Deine Ernährungsweise, Deine Lebensgewohnheiten, Dein tägliches Maß an Bewegung und Deine beruflichen Aktivitäten. Was kann Dich unterstützen? Was hemmt oder behindert Dich?

Überprüfe Deine Ziele aufrichtig und prüfe, ob Deine Träume und Wünsche wirklich aus Deinem tiefsten Herzen kommen. Wenn Du Dir das bewusstmachst und Dir klar darüber wirst, welche Sehnsüchte hinter Deinen Zielen stecken, dann wird sich auch Dein persönliches Verhältnis zu Deinem Ziel verändern.

Verfolge Dein Ziel unbedingt weiter, wenn Du fühlst, dass es aus Deinem tiefsten Inneren kommt und Du es wirklich verwirklichen möchtest. Verfolge Deine Ziele nicht aus einem Mangel heraus, sondern aus ehrlicher Freude. Das nimmt Dir eine enorme Last ab und Du kannst Deine Träume mit viel Gelassenheit und Motivation manifestieren.

Wenn wir unsere Ziele manifestieren möchten, stoßen wir oft auch an unsere Grenzen! Manchmal will es einfach nicht so klappen wie wir es uns wünschen. Wichtig ist aber, immer in einem ehrlichen Dialog mit sich selbst zu bleiben und die Ziele nie aus dem Blick zu verlieren.

Wenn Du Deine Affirmation für Dich gefunden hast, kannst Du sie mithilfe der Bonus-CD „Affirmation – Kraft der Gedanken“ für 7 oder für 21 Tage affirmieren. Hole Dir diese Unterstützung im Alltag und erreiche damit Deine gesteckten Ziele, Wünsche und Träume. Mit wunderschönen Vogelstimmen als Anker kannst Du jetzt Deine persönlichen Affirmationen singen und sprechen.

Vergiss auch nicht Deine Affirmation mehrmals zu schreiben – vor dem Beginn und auch vor Deiner 7- oder 21-tätigen Meditation. Die entsprechende Vorlage dafür findest Du im Downloadbereich auf meiner Homepage www.carola-riss.de/bonus.

Kapitel 6 – Ankern von Affirmationen

Der Anker als Auslöser für eine innere Wirkung

Um Deine Ziele zu erreichen, brauchst Du neben viel Geduld und Übung auch eine ordentliche Portion Selbstvertrauen. Sehr viele Menschen zweifeln leider an ihren Fähigkeiten und trauen sich selbst nicht mal zu, dass sie bestimmte Ziele tatsächlich erreichen können. Das Gehirn lebt von den Programmen, auf das es sozusagen programmiert wurde.

Wenn Du etwas manifestierst hast, dann kommt alles aus Deinem Unterbewusstsein und somit ist es auch von zentraler Bedeutung für die Manifestation.

Die Emotion ist dabei wieder entscheidend! Überlege Dir einmal, welches Gefühl Du mit der Affirmation verbindest.

Nehmen wir dafür einmal folgendes Beispiel:

„Ich bin selbstbewusst und frei"

- Wie fühlt sich Selbstbewusstsein für Dich an?

- Wie sieht Deine Körperhaltung aus, wenn Du Dir vorstellst, dass Du selbstbewusst vor anderen stehst?

- Welches Bild, welcher Gegenstand kannst Du als Wiedererkennung und als Erinnerung an Deine Affirmation verwenden?

Bevor Du Deinen Anker also setzt, ist es wichtig, Dir darüber im Klaren zu sein, welche Vorstellung beziehungsweise welche Emotion mit Deiner Affirmation wirklich einhergeht.

Wie kannst Du Dich auch tagsüber an Deine Affirmation tagsüber erinnern? Hier gibt es mehrere Methoden, wie Du Affirmationen ankern, also Dich an sie erinnern kannst.

Erinnert Dich ein Stein an Deine Affirmation, dass Du selbstbewusster und kraftvoller sein willst? Dann trage ihn als Handschmeichler in der Hosentasche bei Dir.

Auch ein Wasserglas kann Dich an Deine Affirmationen erinnern und somit ein wertvoller Anker sein: „Immer, wenn ich ein Glas Wasser trinke, erinnere ich mich an meine Affirmation, dass ich jetzt selbstbewusster bin." So wie das Wasser den Körper von innen erfrischt und belebt, so durchströmt Dich auch das Selbstbewusstsein und lässt Dich kraft- und energievoll sein.

Auch auf meiner Bonus-CD *„Affirmation – Kraft der Gedanken"* arbeite ich mit einem natürlichen

Anker. Hier wird bewusst das Vogelgezwitscher als Anker gesetzt:

„Immer, wenn Du die Vögel zwitschern hörst, hörst Du Deine persönliche Affirmation immer und immer wieder.“ Du fühlst wie Dich Freiheit, Zuversicht und Selbstbewusstsein durchströmen. Du fühlst das breite Spektrum Deiner Möglichkeiten und die Energie, die durch Deinen gesamten Körper fließt! Du fühlst die „Freude und die Dankbarkeit in Dir“ – wie Du Dich jedes Mal einen weiteren Schritt Deinem großen Ziel näherst.

Indem Du Deine Affirmation also mit einem konkreten Bild in Deiner Vorstellung und es mit dem von Dir gewählten Anker verknüpfst, Dich also immer wieder erinnerst, wirst Du Dein Ziel erreichen.

Ebenso hörst/fühlst Du den Anker und erinnerst Dich sofort an die Affirmation und die damit verbundene neue Emotion mit Bild. Der von Dir gewählte Anker ist der Schlüssel (=Auslöser) für die innere Wirkung.

Dieses Wechselspiel ermöglicht Dir Deine negativen Gedanken schnell und effektiv zu wandeln.

Es geht hier um ein Erlernen und auch ein Überschreiben alter Denk- und Handlungsmuster. Je häufiger Du übst, je öfter Du manifestierst, je länger Du den Anker nutzt, desto schneller wird das neue Denkmuster einsinken und sich verwirklichen: Die Veränderung tritt ein und Du hast Dein Ziel erreicht!

Kapitel 7 - Entspannung

Die Leichtigkeit des Lebens finden

Gerade in der heutigen Zeit ist der Alltag oft gezeichnet von Stress. Viele Situationen erfordern die Aufmerksamkeit und müssen zeitnah erledigt werden. Nicht nur beruflich, sondern auch familiär gibt es immer mehr Herausforderungen zu meisten. Meist bleibt hier keine Zeit mehr für das eigene Wohlbefinden. Selten gönnen wir uns selbst etwas. Meistens ist der Alltag so eng getaktet, dass die eigenen Bedürfnisse hintenangestellt werden müssen. Doch gerade solche Momente und Auszeiten wären für die psychische und körperliche Gesundheit von großer Bedeutung. Der Mensch kann nur gesund und glücklich sein, wenn er sich selbst auch kleine Oasen schafft und sich in diesen etwas Gutes tut.

Stress gehört zum Leben dazu und ist eine natürliche Reaktion des Organismus. In stressigen Situationen beginnt der Körper Hormone wie Cortisol, Adrenalin und Dopamin zu produzieren. Diese sorgen dafür, dass das Abwehrsystem des Körpers verlangsamt wird. Der Mensch war seit Anbeginn an Stress gewöhnt. Früher bewegten sich die Menschen in stressigen Situationen, wie zum Beispiel beim Jagen. Mittlerweile müssen die Menschen für ihre Nahrung nicht mehr jagen, dennoch werden Stresshormone in unterschiedlichen Situationen des Lebens produziert und können im Körper nicht immer gleich abgebaut werden. Die Folge sind dann gesundheitliche Probleme wie schneller Herzschlag, Bluthochdruck oder auch Schlafstörungen.

Nicht nur körperliche Auswirkungen wie Kopfschmerzen oder Stoffwechselstörungen können stressbedingt sein, sondern psychische Ursachen haben.

Du siehst, wie wichtig es ist, für die notwendige Entspannung zu sorgen. Der Körper braucht genau diese kleinen Auszeiten, um sich zu erholen und zu regenerieren. Eine regelmäßige Entspannung ist für Deinen Körper im Alltag unverzichtbar.

Hierbei reichen schon ein paar Minuten aus. Es kommt hier weniger auf die Zeit, sondern auf die Qualität der Auszeit an. Es gibt einige Methoden, wie Du am besten entspannen kannst. Ganz unkompliziert ist dies beispielsweise bei einem Spaziergang an der frischen Luft. Durch die Natur und die Sauerstoffzufuhr kann Dein Körper entspannen und Dein Geist loslassen. Ein Spaziergang hilft Dir aber nicht nur dabei, den Kopf freizukriegen, sondern kann auch bei Depressionen, Rückenschmerzen oder Osteoporose unterstützend wirken.

Ein Spaziergang am Abend kann Dich ebenfalls dabei unterstützen, die entstandenen

Stresshormone abzubauen und Deinen Schlaf verbessern.

Die Konzentration auf Deine Atmung kann Dir ebenfalls dabei helfen, Dich zu entspannen. Dein Puls wird verlangsamt und Deine Herzfrequenz pendelt sich ein. Die Atmung wird ruhiger und ein Zustand der Entspannung stellt sich ein.

Probiere doch auch einmal die Seele baumeln zu lassen und nichts zu tun. Gönn Dir doch mal wieder einen Besuch in der Sauna, das Lesen eines Buches oder ein heißes Schaumbad. Du wirst sehen, wie Du Dich danach wie neu geboren fühlen wirst. Diese kleinen Auszeiten sind für Deine Seele Balsam und helfen aktiv dabei, Dich zu entspannen.

Es gibt natürlich auch viele Menschen, für die ist eine aktive sportliche Betätigung die pure Entspannung. Du kannst natürlich auch Sport treiben, um Deine Seele baumeln zu lassen und den Kopf freizubekommen.

Jeder Mensch ist individuell und so gibt es auch viele Möglichkeiten, die für Dich persönlich gut sein können. Probiere hier also ruhig auch ein bisschen aus, um zu sehen, was Dir und Deinem Körper guttut. Nutze die Entspannungstechniken des Autogenen Trainings, die Progressive Muskelentspannung oder das Qi Gong.

Kapitel 7.1 – Stress

Stress ist ein natürlicher Faktor des Lebens. Jeder kennt wohl Situationen, in denen er mal gestresst ist. Grundsätzlich ist es noch kein Grund zur Sorge, solange dieser Zustand keine Gewohnheit wird.

Gerade in der heutigen Zeit leiden viele Menschen unter Stress. Der stressige Berufsalltag, die eng getaktete Familienplanung und immer mehr Anforderungen sorgen oftmals dafür, dass die Menschen krank und unglücklich werden.

Stress kann sich sowohl positiv wie auch negativ äußern. Positiv kann Stress dann sein, wenn Du dadurch zum Beispiel zu Höchstleistungen im Sport angespornt wirst. Negativ ist Stress, wenn er Dich belastet und Dir seelisch und körperlich schadet. Nicht selten kann negativer Stress in einem Burnout enden. Umso wichtiger ist es, dass Du bereits frühzeitig dem entgegenwirkst. Merke Dir also grundsätzlich, dass zu viel Stress krank machen kann. Wichtig ist, dass Du Dir in Deinem Leben immer genügend Erholung und Auszeiten gönnst. In diesen Momenten kann sich Dein Körper regenerieren und auch wieder neue Kraft schöpfen. Schaffst Du es nicht, Dir ausreichend Ausgleich zu schaffen, ist Dein Körper und Dein

Geist überfordert damit. Du hast das Gefühl, nicht wirklich zur Ruhe kommen zu können. Die Gedanken kreisen permanent, um die vielen Aufgaben und Anforderungen, die noch zu erledigen sind. Das ist eine unglaublich belastende Situation für Deine Psyche. Hier bist Du gefragt, um Dir selbst zu helfen und etwas Gutes zu tun.

Mache Dir immer wieder bewusst klar, dass Du hier auf Dich selbst achten musst. Es ist nicht der Sinn, dass Du komplett krank und ausgebrannt bist. Stress darf Dich und Dein Leben niemals so bestimmen, dass dies negative Folgen für Dich hat. Du musst es nicht immer recht machen, sondern Du hast auch das Recht auf ein glückliches und unbeschwertes Leben. Viele Menschen neigen dazu, es allen Mitmenschen recht machen zu müssen. Sie schaffen es nicht in dem richtigen Moment die Reißleine zu ziehen und auch einmal „Nein" zu sagen. So häufen sich nach und nach immer mehr Aufgaben an und die Personen sind überfordert und unglücklich.

Hier gilt es, ganz bewusst Grenzen aufzuzeigen und „Nein" zu sagen. Du musst ganz klar auf Dich selbst achten und hier auch ganz bewusst auf Deinen Körper hören. Es ist absolut in Ordnung auch mal „Nein" zu sagen. Gerade dann, wenn Du merkst, dass Dich die Aufgaben überfordern und überlasten, musst Du hier ganz bewusst innerlich sagen „Halt".

Sei Dir immer darüber im Klaren, dass wenn Du selbst nicht „Nein“ sagst, dies niemand für Dich tun wird. Stelle Dir auch immer wieder vor, was passieren würde, wenn Du nicht „Nein“ dazu sagst. Welche Konsequenzen und Auswirkungen hat das dann für Dein Leben. Du kannst Dir hier gerne ein paar kleine Notizen anlegen.

Du selbst bist für Dein Leben verantwortlich und nur allein Du kannst hier für Dich das beste herausholen. Es geht hier nicht um puren Egoismus, sondern auch darum, Dich selbst zu schützen und Dir etwas Gutes zu tun.

Um Stress entgegenzuwirken und diesen effektiv abzubauen, können Dir bestimmte Affirmationen helfen. Nimm die Affirmationen hier als ersten Denkimpuls und versuche wirkliche diese konsequent anzuwenden.

Es gibt einige Glaubenssätze, die eine Entstehung von Stress begünstigen können. Diese sitzen oftmals tief im Unterbewusstsein. Wenn Du Dir jetzt die nachfolgenden Sätze durchliest, wirst Du Dich vermutlich auch in einigen Punkten wiederfinden. Dies können folgende Gedanken sein:

- Ich bin minderwertig und nicht gut genug.
- Ich habe keine fachlichen Qualitäten dafür.

- Ich schaffe es nicht, Arbeiten ohne Zeitdruck zu erledigen.
- Ich kann diese Aufgabe nicht bewerkstelligen.
- Ich fühle mich immer wieder so, als ob ich etwas Falsches tue. Dabei möchte ich nur das Richtige tun.
- Es ist mir ein Anliegen, dass alles harmonisch ist. Ich versuche es deswegen immer allen Menschen recht zu machen.
- Ich war noch nie gut in vielen Aufgaben wie zum Beispiel Kreativität, Organisation, oder auch Präsentationen.

Falls Du Dich nun in der ein oder anderen Sichtweise erkannt hast, kannst Du erstmal sehr stolz auf Dich sein. Es ist gut, dass Du jetzt das Negative gesehen hast. Ab jetzt kannst Du ganz bewusst durch positive Affirmationen dagegenwirken.

Affirmationen

Ich gebe Dir hier jetzt ein paar Affirmationen mit an die Hand, die Dir helfen können, stressigen Situationen entgegenzuwirken. Lies Dir die nachfolgenden Aussagen in Ruhe durch. Falls Du bei etwas spürst, dass es Dir guttut, kannst Du diese

Affirmation notieren und Dir an einen sichtbaren Platz legen. Es gibt hier keinerlei Vorgaben, wie lange Du Dir diese Affirmationen durchliest. Spüre in Dich hinein und tue Dir etwas Gutes. Die nachfolgenden Affirmationen sollen Dich in Deinem Alltag unterstützen:

- Ich weiß, dass ich so gut bin wie ich bin.
- Es ist wichtig um Hilfe zu bitten und mir wird Unterstützung durch andere zu teil.
- Ich mache mir bewusst, dass ich mich auch während der Arbeit entspannen darf.
- In allen Situationen mit Zeitdruck schaffe ich es, ruhig und gelassen zu bleiben. Es gelingt mir mehr und mehr.
- Ich bereite mich stets vor und finde in jeder Situation eine Lösung für mich.
- Ich sage bewusst meine Meinung und stehe dazu.
- Ich schaffe es, die ideale Mischung zwischen Arbeit und Freizeit zu finden.
- Ich achte darauf, dass ich genügend Ruhephasen einbaue.

- Ich versuche mir immer wieder bewusst Momente und Aufgaben zu nehmen, die mir Freude machen. Diese integriere ich dann auch in meinen Alltag.

- Sobald ich merke, dass ich wütend werde, versuche ich zu hinterfragen, warum ich diese Emotion jetzt gerade spüre. Ich finde das Gefühl und den Auslöser hinter meiner Wut.

- Ich bleibe positiv und optimistisch, auch gerade dann, wenn Probleme kommen. Ich weiß, dass es eine Lösung geben wird.

Dieses Kapitel konnte Dir jetzt hoffentlich ein bisschen verdeutlichen, wie wichtig es ist, auf eine gute Balance im Leben zu achten. Nimm Dir hier immer wieder Zeit, um Deine persönlichen Affirmationen durchzugehen. Du kannst Dir auch selbst welche überlegen, die genau zu Deiner Situation passen.

Kapitel 7.2. - Alpha-Zustand

Es gibt wohl keinen Menschen, der immer nur gute Tage hat. Jeder von uns hat einmal schlechtere und bessere Tage. Das gilt für Sportler, genauso wie für Geschäftsleute, Hausfrauen, Studenten, Schüler, ältere und jüngere Leute. Wichtig ist hier, zu lernen, gut damit umzugehen. Viele Menschen sind in der Lage zur richtigen Zeit ihr Potential abzurufen.

Ein Bewusstseins- oder Leistungszustand, der optimal ist, wird von vielen unterschiedlich beschrieben. Umgangssprachlich wird dieser Zustand als „Flow" bezeichnet. In diesem Zustand ist der Kopf frei und man fühlt sich entspannt. Wenn sich das Gehirn in diesem Zustand befindet, wird dies auch „Alpha-Modus" genannt.

Was genau ist der Alpha-Modus?

Während diesem Zustand schwingen die Gehirnwellen in bestimmten Frequenzbereichen. Dieser Alpha-Zustand liegt im Elektroenzephalogramm (EEG) zwischen dem Bereich Traum und Tagesbewusstsein. Während diesem Zustand hast Du einen großen Zugriff auf einen unbewussten Wissensschatz. Du bist entspannt, fokussiert und aufnahmefähig.

Wie kannst Du in den Alpha-Zustand kommen?

Diesen Zustand kannst Du eigentlich ganz leicht erreichen. Sobald Du entspannt bist, oftmals kurz nach dem Einschlafen oder Aufwachen. Tagträume oder auch das Hören von Musik, eine entspannte Yoga-Einheit, oder das Kochen kann Dir helfen in diesen Zustand zu kommen.

Dein Gehirn schafft es immer wieder auch diesen Zustand zu erreichen. Versuche immer wieder ganz bewusst Dich auf den Teil in Dir zu fokussieren, der entspannt und ruhig ist. Du wirst sehen, wie Du selbst dann auch entspannter wirst.

Versetzte Dich auch immer wieder während des Tages in diesen Zustand. Konzentriere Dich auf den Teil in Dir, der gerade nichts denkt, nichts tun oder arbeiten muss. Fühle Dich dort ganz hinein und genieße das Gefühl der Entspannung. Du kannst Dir beispielsweise auch ein Wort oder einen Satz wählen, den Du Dir in dieser Situation sagst. Dies kann zum Beispiel sein „Ich bin ganz ruhig“ oder „Stille“. Das was Dir guttut und bei dem Du spürst, dass Du zur Ruhe kommst und sich Dein Geist entspannen kann, führt zum Wohlbefinden.

Kapitel 7.3 - Methoden

Es gibt ein paar wirklich effektive Entspannungsmethoden, die Dir helfen können. Es ist ganz wichtig, dass Du auf Dich selbst und Deinen Körper hörst. Jedem Menschen tut etwas anderes gut und jeder ist auch eine andere Persönlichkeit. Hierfür gibt es keine Regeln oder Richtlinien. Finde selbst heraus, was Dir gut tut und probiere auch aus.

- Falls Du eine Entspannungsmethode von einem Kurs oder Kursleiter erlernen möchtest, dann sei Dir hier bewusst, dass jeder anders ist. Nicht jeder Kurs oder jeder Leiter passt zu Dir persönlich. Falls Du also merkst, dass Du mit der Art des Sprechers nicht zurechtkommst, ist das kein Problem. Versuche dann abzuwägen was richtig für Dich ist und im Zweifelsfall den Kursleiter zu wechseln.

- Jede Methode braucht eine gewisse Regelmäßigkeit. Nur so kannst Du überhaupt Erfolge erzielen und auch feststellen, was sich positiv verändert. Eine Entspannung stellt sich nicht sofort ein. Sobald Du aber über einen längeren Zeitraum die Entspannung ausprobierst und hier auch konsequent bleibst, wirst Du erste Ergebnisse feststellen können. Viele Menschen brauche Wochen, bis sie wirklich lernen sich zu entspannen und während dieser Zeit auch fallen zu lassen. Der hektische Alltag und die vielen Geräusche und Gedanken machen es uns heutzutage fast unmöglich in der Stille zu bleiben. Je mehr Übung Du allerdings mit Entspannungsmethoden hast, desto effektiver wird sich das Gefühl und das Wohlbefinden einstellen.

Es gibt einige Methoden, die zum Entspannen zum Einsatz kommen können. Probiere hier auch gerne aus, was Dir guttut und welche Methode für Dich geeignet ist.

Kapitel 7.3.1 – Meditation

Meditation ist nichts neues, diese Methode gibt es seit Jahrtausenden. Gerade in den fernöstlichen Ländern wird sie immer praktiziert. Selbst das Christentum praktiziert gewisse „Meditationsübungen".

Es gibt verschiedene Meditationsformen. Sie unterscheiden sich in der inneren Haltung. Bei der äußeren Form unterscheidet man zwei verschiedene Meditationsarten:

Aktive Meditation:

Bei dieser Art der Meditation werden körperlichen Übungen durchgeführt. Achtsamkeit und Stimme spielen hierbei eine entscheidende Rolle. Es gibt zum Beispiel verschiedene Yoga-Formen, die diese Meditationstechnik verwenden.

Kontemplative Meditation:
Bei dieser Meditationsart wird im Vergleich zur aktiven Meditation keine körperliche Übung durchgeführt. Der Meditierende sitzt oder liegt und ist am Meditieren. Es gibt zum Beispiel die Vipassana-Meditation oder die Samatha-Meditation, bei der diese Art verwendet wird. Achtsamkeitsübungen finden hier ebenfalls statt.

Wie Du gerade gesehen hast, gibt es einige wichtige Unterschiede der Meditationsformen. Eines haben aber beide gemeinsam, dass die Aufmerksamkeit auf etwas gebündelt werden soll. Dies kann zum Beispiel die Atmung, ein bestimmter Gedanke oder ein Ort sein.

Das wichtigste Ziel ist es hierbei sich zu fokussieren. Der Geist soll hierbei zur Ruhe kommen, was sich wiederum positiv auf die Gesundheit auswirkt.

Meditation zu erlernen ist am Anfang nicht ganz einfach. Es gibt jedoch ein paar Tipps und Tricks, die Dir hierbei helfen können.

Meditation - Der Anfang
Für den Anfang ist es wichtig, dass Du Dir einen Ort aussuchst, an dem Du komplett zur Ruhe kommen kannst. Du solltest Dich hier wohlfühlen und auch entspannen können.

- Wähle am besten einen festen Ort für die Meditation aus. Das ist gerade zu Beginn sehr wertvoll. Später kannst Du auch an jedem anderen Ort meditieren.

- Reduziere und vermeide jegliche Lärmbelastung für Deine Meditation. Es sollte still um Dich herum sein.

Finde in eine entspannte und angenehme Sitzhaltung. Wichtig ist hierbei, dass Deine Haltung gerade ist. Deine Wirbelsäule soll nicht gekrümmt sein. Wähle aber auch eine entspannte und angenehme Haltung, die Du während der ganzen Meditation durchhalten kannst.

Es gibt hierfür den Fersen-, Lotus- oder Schneidersitz. Falls diese Sitzhaltungen für Dich noch zu unangenehm sind, kannst Du Dir ein Kissen als Stütze nehmen. Lasse während der ganzen Meditation immer Deine Schultern leicht hängen. Die Hände kannst Du auf die Oberschenkel oder die Knie legen.

Meditation – Timer & Atmung

- Stelle Dir vor der Meditation einen Timer mit Deiner gewünschten Meditationszeit.

- Beginne die Meditation zuerst mit 10 Minuten.

- Schließe dann die Augen und atme fünfmal

ein und aus. Dies hilft Dir dabei, Dich zu fokussieren und herunterzukommen.

- Konzentriere Dich die Zeit über auf Deinem Atmen. Es hilft gerade am Beginn, wenn Du Dich auf die Atemzüge konzentrierst und intensiv die Ein- und Ausatmung in Deinem Körper spürst.

Meditation - Das Ende

- Wenn Dein Wecker Dir das Ende der Meditation anzeigt, ist es wichtig, dass Du nicht sofort die Augen öffnest. Beginne langsam zurückzufinden, strecke Dich und öffne die Augen langsam.

- Komm langsam aus Deiner Meditationshaltung zurück. Falls Deine Füße eingeschlafen sind, dann kannst Du kurz warten und sie ein bisschen auslockern.

Meditationstipps

<u>Gedanken</u>

Gerade am Anfang kommen häufig störende Gedanken während der Meditation. Achte darauf, dass Du Dich nicht zu sehr abschweifen lässt von diesen Gedanken. Finde immer wieder zur Meditation zurück. Konzentriere Dich auf Deinen Atem und finde in die Meditation. Es ist absolut in Ordnung, wenn solche Gedanken kommen. Lass die Gedanken einfach weiterziehen und sieh sie nicht als Misserfolg an.

Meditationsdauer

Es ist von keiner großen Bedeutung, wie lange Du am Anfang meditierst. Du kannst gerade am Beginn nach dem Aufstehen eine kurze Meditationseinheit von 10 Minuten versuchen. Das hilft Dir fokussiert und aktiv in den Tag zu starten und auch Dich hineinzufinden in die Meditation. Nach der Zeit wirst Du sehen, wie Deine Einheiten auch immer länger werden, dass geschieht ganz automatisch. Am Abend nach der Arbeit kannst Du dann nochmals kurz meditieren.

Der richtige Fokus

Für Deine Meditation kann es hilfreich sein, wenn Du Dich auf etwas fokussierst. Dies können zum Beispiel Gefühle sein, die Du gerade empfindest:

- Trauer
- Wut
- Enttäuschung
- Freude

Ein Objekt oder Geräusche können ebenfalls Teil Deiner Meditation sein, zum Beispiel:

- Kerze
- Blume
- Musikstück

Spüre in Dich hinein und probiere auch immer wieder aus was Dir guttut.

Kapitel 7.3.2 - Qi Gong

Qi Gong hat einen großen Stellenwert in der Traditionellen Chinesischen Medizin.

Es handelt sich hierbei um eine Kombination von Meditations-, Atem- und Bewegungsübungen. Im Grunde stammen die Übungen aus der Kampfkunst heraus. In China sind die Qi Gong Übungen teilweise seit über 1.000 Jahren bekannt und finden dort ihre Anwendung.

Qi Gong wird als Therapie für verschiedene Beschwerden eingesetzt. Mittlerweile ist Qi Gong auch nicht mehr nur in den asiatischen Ländern eine bekannte und gern genutzte Therapie, sondern auch in den westlichen Ländern.

Das Ziel von Qi Gong ist klar darin, dass Körper, Geist und Seele besser wahrgenommen werden sollen. Das Qi (Lebensenergie) soll durch den Körper ungehindert strömen können.

Es gibt verschiedene Qi Gong Übungen

Die klassischen Qi Gong Übungen zeichnen sich dadurch aus, dass Atmung mit Bewegungsabläufen kombiniert wird. Die Konzentration wird hierbei immer nach innen gerichtet.

Es gibt zwei verschiedene Qi Gong Arten:

- Bewegtes Qi Gong (Dong Gong / Donggong): Hierbei finden zusätzlich noch äußere Bewegungsabläufe statt.

- Stilles Qi Gong (Jing Gong / Jinggong): Es gibt kaum sichtbare Bewegungsabläufe. Hierbei wird vor allem auf Atmung und innere Vorstellungskraft gesetzt.

Die Übungen beim Qi Gong haben meist sehr wohlklingende Namen wie zum Beispiel „Den Himmel mit den Händen stützen“. Die Übungen orientieren sich überwiegend an der Natur. Während der Übungseinheit soll sich der Übende als Tier fühlen oder sich in die Natur, zum Beispiel in einen Wald versetzen.

Jede Qi Gong Übung hat eine positive Wirkung auf das Qi (Lebensenergie). Nicht nur die Gesundheit soll hierdurch positiv beeinflusst werden, sondern auch die seelische Komponente.

Die verschiedenen Übungen sollen sich wie gesagt an der Natur orientieren. Beispielsweise kann sich der Übende hier in einen fliegenden Vogel hineinversetzen oder in einen Baum.

Einfache Übungen sind hier die „8 Brokate“. Hier wird besonders die Haltung, die Atmung und die Wahrnehmung fokussiert.

Bei Qi Gong Übungen gibt es keine Vorgaben, ob diese in Räumen oder an der frischen Luft ausgeführt werden sollen. Gerade am Beginn ist es wichtig, dass Du Dir die Übungen von einem entsprechenden Lehrer beibringen lässt. Dieser kennt genau die Abfolgen und kann Dir erklären, wie es genau funktionieren soll.

Die positiven Wirkungen des Qi Gong

Qi Gong kann viele positive Effekte auf die körperliche und seelische Gesundheit haben. Die Lebensenergie fließt durch den Körper und kann Dir hier ein wohltuendes und glückliches Gefühl vermitteln.

Welche positiven Auswirkungen kann Qi Gong haben?

- Das Immunsystem und die Selbstheilungskräfte werden gestärkt

- Die körperliche und seelische Gesundheit wird gestärkt
- Der Kreislauf wird positiv gestärkt
- Die Beweglichkeit und Flexibilität werden gesteigert
- Verspannungen können gelöst werden
- Die Haltung wird verbessert
- Rückenschmerzen können reduziert werden
- Die Gelenke werden nicht überlastet
- Entspannende Wirkung auf das vegetative Nervensystem
- Sauerstoffversorgung wird erhöht
- Bessere Konzentration
- Emotionale Stabilität
- Zivilisationskrankheiten kann sehr wirksam vorgebeugt werden
- Ein Zustand der Entspannung stellt sich ein

- Weniger Stressanfälligkeit

Qi Gong ist auch besonders für Personen geeignet, die gesundheitliche Beeinträchtigungen haben oder noch keinen wirklichen Sport praktiziert haben. Damit die Übungen aber korrekt ausgeführt werden, solltest Du Dir unbedingt einen Qi Gong Meister hierfür suchen. So kann auch sichergestellt werden, dass die Übungen auf Dich zugeschnitten sind und zu Deiner körperlichen Verfassung passen.

Damit sich eine körperliche und seelische Verbesserung einstellt, solltest Du Qi Gong Übungen wöchentlich praktizieren. Hier wird einmal pro Woche oder täglich empfohlen. Die Übungsdauer sollte 30 - 60 Minuten betragen.

Nachdem Du einmal gespürt und erkannt hast, wie gut Dir Qi Gong tut, wirst Du es nicht mehr missen wollen. Innerlich stellt sich ein Drang ein, immer wieder üben zu wollen.

Kapitel 7.3.3 - Yoga

Es gibt heutzutage noch immer sehr viele Menschen, die denken, dass Yoga eine Art esoterische Methode zum Entspannen ist. Vermutlich kommt diese Annahme daher, dass Menschen, die Yoga praktizieren, in anspruchsvollen Haltungen tiefe und entspannte Atemzüge machen und nach dem Yoga-Workout super gelaunt sind und nur so vor Energie strotzen.

Doch Yoga ist etwas anderes: Yoga stärkt und macht richtig fit. Es ist eine sanfte Bewegungsart, die jedoch sehr intensive Wirkungen auf den Körper hat. Gleichzeitig hilft Yoga beim Entspannen und fördert auch das Selbstbewusstsein.

Diese altindische Methode hat nachweislich eine tiefgreifende und umfassende Wirkung auf das physische und das psychische Wohlbefinden. Die Effekte sind dabei so tiefgreifend, dass Yoga zahlreichen Beschwerden nicht nur vorbeugen, sondern sie sogar lindern kann.

Immer mehr Menschen – vor allem in den Industrieländern – leiden unter Zivilisationserkrankungen wie Diabetes, Demenz, Herz-Kreislauf-Erkrankungen oder Übergewicht und die Tendenz steigt zunehmend! Ein überwiegender Teil der Krankschreibungen kann auf Rückenbeschwerden zurückgeführt werden. Diese gesundheitliche Entwicklung macht deutlich, wie kritisch die Situation im Allgemeinen ist: Es braucht einen Umdenkprozess und vor allem eine holistische Betrachtung des Menschen. Chronischer Stress, eine einseitige und ungesunde Ernährungsweise sowie Bewegungsmangel haben gefährliche Konsequenzen für die Gesundheit des Körpers. Genau hier setzt das Yoga an und möchte einen

Ausgleich schaffen, um eine optimale Balance zwischen Körper, Geist und Seele herzustellen.

Es kommt darauf an, welchen Dingen wir unsere Aufmerksamkeit schenken und welche persönliche Einstellung hinter der Aufmerksamkeit steht. Beim Yoga konzentrieren wir uns auf unseren Körper und das Bindegewebe, also auf die Form, aber auch auf das Formlose wie unseren Atem, unsere Bewusstseinszustände oder Energiekanäle.

Diese beiden Aspekte sind in der Realität stets miteinander verbunden: Sie sind das Yin und Yang unseres Lebens und werden beim Yoga in ein Gleichgewicht miteinander gebracht. Die meisten Menschen finden am leichtesten den Zugang zur Praxis, indem sie mit dem anfangen, was für sie greifbar ist, nämlich dem Körper. Wenn sie sich dann dadurch weniger ablenken lassen und auch insgesamt physisch gesünder werden, beginnen die meisten Praktizierenden, auch tiefer verborgene Facetten zu erkunden. Sie wagen sich dann an die subtileren Aspekte, also an die innerliche Komponente.

Welche Wirkungen hat Yoga?

Durch Yoga wird die Beweglichkeit, die Koordination, Ausdauer und Kraft verbessert. Durch Yoga kannst Du Deinen Stoffwechsel in Schwung bringen und Herz-Kreislauf-Erkrankungen vorbeugen. Dein Halte- und Stützapparat wird positiv beeinflusst. Yoga hat direkt einen positiven

Einfluss auf die Verdauung, die Schlafqualität, Deinen Bewegungsapparat, den Stoffwechsel und das Nervensystem. Yoga hilft Dir nicht nur körperlich, sondern auch seelisch. Stress kannst Du durch gezielte Yoga-Übungen reduzieren und für Entspannung sorgen.

Yoga kann Dir ganz bewusst wieder zu einem Gefühl von Reinheit, Ausgeglichenheit, Frieden und Freude verhelfen.

Wichtig ist, dass Du Deine Yoga-Übungen regelmäßig praktizierst. Nur so können sie auch wirken und etwas in Deinem Leben verändern.

Yoga hat eine integrative Wirkung. Das bedeutet, dass während durch gezielte Übungen die Flexibilität gefördert wird, überschüssige Kilos verloren werden können erfährt auch der Geist eine positive Auswirkung. Positive Gefühle können gestärkt werden und das Negative kann losgelassen werden.

Atemübungen dürfen bei den Yoga-Übungen nicht fehlen.

Beim Yoga geht es nicht nur darum, körperlich etwas zu erreichen, sondern auch geistig. Der Körper wird im Yoga als ein Tor gesehen. Yoga wirkt nicht nur positiv auf den Körper, sondern auch auf den Verstand und die Seele. Durch das Einbetten der Spiritualität wird Yoga viel mehr als nur eine sportliche Aktivität. Yoga sollte Dir nicht nur Freude machen, sondern Dir auch körperlich und seelisch guttun.

Ist Yoga für jeden geeignet?

Grundsätzlich kann jeder Mensch Yoga machen. Hier kommt es nicht darauf an, besonders sportlich zu sein. Yoga ist etwas für jeden, der sich besser fühlen möchte und sich gesundheitlich etwas Gutes tun möchte. Hierbei spielt die Figur oder das Alter keine Rolle.

Wichtig ist lediglich, falls Du unter Vorerkrankungen leidest, dass Du vorher Rücksprache mit Deinem Arzt hältst. Dieser kann Dir Hilfestellungen geben, ob Du alle Übungen ausführen darfst oder es hier Einschränkungen gibt.

Es gibt sogar Menschen, die im Rollstuhl sitzen und Yoga praktizieren. Es gibt sogar für schwangere Frauen oder auch Frauen nach einer Entbindung spezielle Yoga-Übungen.

Yoga ist so anpassungsfähig, dass es hierfür keine Grenzen gibt. Wichtig ist lediglich, dass Du bereit dazu bist, Dich auf diese Reise einzulassen und Dich für Yoga zu öffnen.

Wo sollte Yoga praktiziert werden?

Du kannst grundsätzlich überall Yoga machen. Es empfiehlt sich allerdings, dass Du einen flachen Untergrund wählst. Dir können spezielle Hilfsmittel wie zum Beispiel ein Klotz oder eine Decke helfen, die Übungen korrekt auszuführen.

Bei den ersten Yoga-Übungen kann es hilfreich sein, wenn Du Dir hierfür einen ruhigen Raum wählst. Dieser kann in einem Yoga-Studio oder im heimischen Umfeld sein. Hier kannst Du ganz ungestört Deine Matte ausrollen und mit den Übungen beginnen.

Die verschiedenen Yoga-Stile

Es gibt eine Vielzahl an Yoga-Varianten. Diese unterscheiden sich nicht nur nach der Schwierigkeit, sondern auch nach dem Ziel. Es gibt Übungen, die sind eher als Meditation gedacht und wiederrum andere sind kraftvoll und schweißtreibend.

Die nachfolgenden Yoga-Hauptrichtungen gibt es:

- Sivananda Yoga
- Yin Yoga

- Spirit Yoga
- Kundalini Yoga
- Ashtanga Yoga
- Iyengar Yoga
- Anusara Yoga
- Jivamukti Yoga
- Spirit Yoga

Bei den verschiedenen Stilen solltest Du versuchen herauszufinden, welcher für Dich persönlich am geeignetsten ist. Probiere hier ruhig die verschiedenen Varianten und Stile einmal durch. Manchmal dauert es ein bisschen, bis Du etwas Passendes gefunden hast. Es gibt hier keine allgemeingültige Lösung. Jeder Mensch ist individuell und so einzigartig sind auch die Bedürfnisse und Wünsche des Einzelnen.

Der Ablauf einer Yoga-Stunde

Bei den Yoga-Übungen geht es darum, den Körper in Bewegung zu bringen. Der Kreislauf kommt auf Hochtouren und auch Verspannungen können gelöst werden. Das gilt nicht nur körperlich, sondern auch physisch.

Beim Yoga gibt es keine Regeln, wie eine Stunde aufgebaut sein muss. Es gibt allerdings Richtlinien und Prinzipien, an die sich Yogis halten. Zu diesen Bausteinen gehören:

1. ***Die Meditation: Hier beginnt der Yogi zuerst mit einer kleinen Atemübung oder mit dem zur Ruhe kommen in der Stille.***
2. ***Atemübung (Pranayama): Durch gezielte Atemübungen wird der Energiefluss (Prana) wieder in Gang gebracht.***
3. ***Asana (Körperhaltungen üben): Es folgen Übungsabfolgen, die die Wirbelsäule mobilisieren und die Muskulatur stärken sollen. Das Bindegewebe wird aktiviert und der Stoffwechsel angeregt. Das geschieht zum Beispiel durch Vorbeugen oder Twists.***
4. ***Mantra (Om): Nach den Asanas wird die Yoga-Übung in Stille zu Ende gebracht. Hierbei kann das „Om" gesungen werden.***
5. ***Savasana (Tiefenentspannung): Hierbei handelt es sich quasi um den krönenden Abschluss der Yoga-Sequenz. Der Yogi kann hier bis zu***

10-Minuten in völliger Entspannung am Boden liegen und die Lebensenergie fließen lassen. Hierbei kommen Körper und Geist zur Ruhe.

Kapitel 7.3.4 - Autogenes Training

Beim Autogenen Training handelt es sich um eine weitere Entspannungsmethode. Diese kann Dir in stressigen Situationen dabei helfen, neue Kraft zu schöpfen und Ruhe zu finden. Viele Menschen nutzen Autogenes Training regelmäßig zum Beispiel zum Einschlafen.

Beim Autogenen Training handelt es sich um eine wissenschaftliche Methode, die vom deutschen Nervenarzt Johannes Heinrich Schultz (1884 - 1970) entwickelt wurde. Dies geschah ungefähr zu Beginn des 20. Jahrhunderts. Ursprünglich entwickelte der Nervenarzt seine Idee anhand der Patientenanalyse. Er beobachtete seine Patienten, die es schafften, sich mehr oder weniger selbst zu hypnotisieren. Nach diesem Zustand fühlten sie sich energiegeladen und entspannt.

Es gibt eine Vielzahl an Anwendungsgebieten, bei denen Autogenes Training eingesetzt wird:

- Ängste
- Schlafstörungen

- Stressbewältigung
- Bessere Konzentration
- Schmerztherapie
- Gesteigertes Selbstwertgefühl
- Erlangung von mehr Kreativität.

Mittlerweile ist Autogenes Training auch ein anerkanntes psychotherapeutisches Mittel. Der Grundgedanke hinter dieser Entspannungsmethode besteht darin, dass die menschliche Psyche und der Körper nur im Zusammenspiel agieren und reagieren können. Das heißt ganz praktisch, dass der Geist und der Körper dementsprechend gesteuert werden können.

Im Grunde wird durch Selbstsuggestion ein Trance-ähnlicher Zustand (= Alpha-Zustand bei 8 bis 10 Hz) herbeigeführt. Dieser sorgt dafür, dass das Unterbewusstsein ganz bewusst aktiviert werden kann. Für diese Übung fokussiert sich der Trainierende auf eine bestimmte Reaktion des Körpers, die danach auch eintrifft.

Wissenschaftlich betrachtet wird das Auslösen einer Körperreaktion durch eine Idee als Ideoplasie bezeichnet.

Das alles kann dadurch geschehen, da bestimmte Gedanken das vegetative Nervensystem steuern können.

Im Organismus werden durch das Nervensystem bestimmte Körpervorgänge und Organe gesteuert, zum Beispiel der Herzschlag. Durch Autogenes Training kannst Du hier ganz effektiv etwas für Dich und Deine Wiederherstellung des Entspannungszustandes tun.

Wie genau kann Autogenes Training angewendet werden?

Schwereübung:

Beginne am Anfang damit, Dich in einen ruhigen Raum zu begeben. Das ist wichtig, damit Du Dich voll und ganz auf Dich selbst konzentrieren kannst. Richte Deine Aufmerksamkeit bewusst auf Deinen Körper. Setze Dich bequem hin oder lege Dich hin. Es gibt hier keine Vorgaben für dich.

Nun folgt die Selbstsuggestion. Hierbei gibst Du Dir selbst bestimmte Anweisungen. Beginne zum Beispiel damit, Dir zu sagen „Mein rechter Fuß ist ganz schwer“. Diesen Gedanken musst Du nun einige Male wiederholen. Versuche Dir dabei ganz bewusst vorzustellen, wie Dein Fuß immer schwerer wird. Du wirst nach und nach merken, wie Dein Körper darauf reagiert. Du spürst, wie Dein Fuß immer schwerer wird, ohne dass Du hierfür etwas tun musst. Versuche Dich nicht darauf zu fokussieren. Nimm Deine Körper und auch die Veränderung wahr.

Am Anfang kann es sein, dass Du nicht viel spürst. Das ist absolut normal und auch kein Problem. Du wirst sehen, je mehr Übung Du darin hast, desto einfacher gelingt es Dir diesen Zustand herzustellen.

Wärme-Übung

Bei dieser Übung nimmst Du Dir wieder ein Körperteil, zum Beispiel Deinen linken Arm. Stelle Dir nun folgendes vor „Mein linker Arm wird ganz warm".

Durch diese Übung kann Deine Durchblutung verbessert werden. Du stellst Dir wieder ganz bewusst vor, wie Dein Arm immer wärmer wird. Wie bei der oberen Übung brauchst Du auch hierfür etwas Geduld und Durchhaltevermögen bis sich die Übungen umsetzen können.

Systematische-Übungen

Bei diesen Übungen fokussierst Du Dich auf andere Körperteile wie zum Beispiel den Herzschlag oder die Atmung. Hier beginnst Du Dir wieder etwas vorzustellen: „Mein Atem ist ruhig und gelassen". Fühle Dich hier komplett hinein und spüre, wie sich Deine Atmung positiv verändern wird.

Wie wirkt Autogenes Training?
Autogenes Training kann Dir selbst ein entspanntes und wohliges Gefühl vermitteln. Du wirst beruhigt und das spiegelt sich nicht nur körperlich, sondern auch seelisch wieder. Du bekommst einen klaren Kopf und kannst alles vollkommen loslassen und Dich entspannen. Durch die gezielten Übungen des Autogenen Trainings wird das vegetative Nervensystem positiv beeinflusst. Du bist weniger gereizt und deutlich mehr entspannt.

Auch bei Ängsten oder psychischen Störungen kann Autogenes Training helfen.

Selbsthypnose
Am besten probierst Du die Übungen zum Autogenen Training am Anfang in einer Gruppe. Hier gibt es Fachpersonal, dass sich gezielt damit auskennt und Dir auch hilfreiche Tipps und Hilfestellungen geben kann.

Eine Übungseinheit beginnt immer mit den oben beschriebenen Übungen „Schwere, Ruhe und Wärme".

Informiere Dich zu Beginn einer Übung am besten darüber, wie die „Rücknahme" funktioniert. Diese ist bei jedem beenden der Übung wichtig.

Rücknahme
Diese Übung solltest Du immer am Ende einer Trainingseinheit durchführen. Sie hat zum Ziel,

dass Du wieder im Hier und Jetzt ankommen kannst und Dich danach aktiv und energiegeladen fühlst. Falls Du allerdings einschlafen möchtest, kannst Du auf die Rücknahme verzichten.

Verwende für die Rücknahme eine Formel, die Du Dir überlegst. Dies könnte zum Beispiel „Atmung tief" oder „Augen auf" sein. Sprich am Ende der Übung diese Worte ganz bewusst laut und deutlich aus, um Dich wieder in das Hier und Jetzt zu befördern. Nach einer erfolgreichen Rücknahme solltest Du Dich aktiv und energievoll fühlen. Falls Du diese Gefühle nicht spürst, wiederhole die Rücknahme nochmals.

Verschiedene Positionen für das Autogene Training

Es gibt drei verschiedene Haltungen, die sich bewährt haben.

Liegehaltung

Lege Dich ganz bequem in Rückenlage auf ein Sofa oder ein Bett. Du hast im Nacken und in den Kniekehlen ein angenehmes Kissen. Deine Arme liegen neben Dir oder auf Deinem Oberschenkel. Ganz wie es sich für Dich gut anfühlt. Deine Fußspitzen zeigen nach außen.

Lehnsesselhaltung:

Bei dieser Variante liegt Dein Kopf locker an einem Sessel und Du lehnt Dich mit dem Oberkörper ebenfalls gegen den Sessel. Deine Füße befinden sich auf dem Boden. Dein Kniewinkel ist mehr als 90 Grad und Deine Arme liegen auf der Lehne. Alternativ kannst Du die Arme auf Deinen Oberschenkeln ablegen.

Droschenkutscherhaltung:
Rutsche auf die Kante eines Stuhls. Dein Oberkörper ist leicht vorgebeugt und die Ellenbogen befinden sich auf Deinen Oberschenkeln.

Die Arme lässt Du locker an Deinen Innenschenkeln herunterhängen. Dein Kopf ist leicht gesenkt und Du entspannst Deinen kompletten Körper.

Ruheübung
Die ersten Übungen können Dir dabei helfen, Dich zu entspannen und Deine Körperteile zu spüren. Beginne Deine Übungen deswegen mit den Ruhe-, Wärme- und Systematischen Übungen.

Gehe für die nachfolgende Übung in einen Raum, in dem Du ungestört bist.

- Schließe zuerst Deine Augen und atme ein paar Atemzüge ein und aus.

- Komm gedanklich nun an einen Ort, den Du mit Entspannung und Ruhe verbindest. Fühle

Dich in diesen Ort wirklich ganz hinein mit all den Eindrücken, Geräuschen und Gerüchen.

- Konzentriere Dich bewusst auf Deinen Körper.
- Lasse ablenkende Gedanken ohne Beachtung vorüberziehen. Schenke ihnen keine Aufmerksamkeit. Komm zurück zu Dir und Deinem Körper.
- Sage nun immer wieder „Ich bin ganz ruhig".
- Wiederhole diesen Satz nun sechsmal ganz ruhig und gelassen.
- Spüre dabei, wie Dein Körper immer ruhige und gelassener wird. Ganz langsam kommst Du zur Ruhe.
- Sobald Du Dich bereit fühlst, kannst Du mit der Rücknahme beginnen. Sage Dir nun Deinen Satz „Augen auf". Beginne langsam die Augen zu öffnen. Atme noch ein paar Atemzüge ganz bewusst ein und aus und spüre Dich wieder in das Hier und Jetzt hinein.

Um das Autogene Training optimal anwenden zu können, gibt es Vorsatzformeln. Durch diese wird Dein Unterbewusstsein ganz bewusst beeinflusst. Während dem Zustand der Trance werden diese Formeln in Dich hineingesprochen. Dies sorgt dafür, dass sie noch im Unterbewusstsein nach Deinem Autogenen Training weiterwirken können.

Solch eine Formel könnte beispielsweise sein „Ich bin selbstbewusst und souverän und trete so auf". Dadurch, dass Du Dir diesen Satz immer wieder während des Trainings vorsagst, wird dieser in Deinem Unterbewusstsein verankert und im Alltag umgesetzt. Durch das Training kannst Du Dein Unterbewusstsein neu programmieren und beeinflussen.

Dauer & Intensität

Am Anfang solltest Du dreimal täglich für zehn Minuten Autogenes Training praktizieren. Hier kommt es nicht auf die Länge an, sondern auf die Intensität des Trainings. Falls Du schon etwas geübter bist, kannst Du auch zweimal täglich für fünf Minuten trainieren. Es dauert ungefähr 30 Tage bis sich das Autogene Training in Deinem Alltag gefestigt und Dich positiv beeinflusst hat.

Wer sollte Autogenes Training nicht praktizieren?

Autogenes Training ist normal für jeden geeignet. Es braucht zwar am Anfang ein bisschen Übungspraxis um alles gut umsetzen zu können, aber danach funktioniert es fast wie von selbst.

Personen, die unter starken psychischen Beeinträchtigungen wie zum Beispiel Schizophrenie oder anderen Persönlichkeitsstörungen leiden, sollten vorher mit ihrem behandelnden Arzt Rücksprache halten. Dieser kann auch genau entscheiden, ob dies die richtige Entspannungsmethode für den Einzelnen ist.

Der Entwickler, der Nervenarzt Schultz empfahl Autogenes Training bereits bei Kindern ab einem Alter von vier Jahren durchzuführen.

Kapitel 7.3.5 – Progressive Muskelentspannung

Diese Methode nach Edmund Jacobson (1885-1976) ist eine systematische Methode der Entspannung. Experten bezeichnen sie auch als „PMR" – progressive Muskelentspannung beziehungsweise progressive Muskelrelaxation.

Der US-Amerikaner E. Jacobson fand heraus, dass man deutlich entspannter wird, wenn man seine Muskeln gezielt anspannt und wieder loslässt.

Bereits in den 1920er Jahren, als Jacobson diese Methode begründete, war Alltagsstress ein zentrales Diskussionsthema. Stress, Ängste und Hektik sind die Ursache für eine permanente Anspannung. Ganz egal, ob es um Ängste geht, den Arbeitsplatz oder einen geliebten Menschen zu verlieren oder ob es um Konflikte mit anderen

Familienangehörigen geht: Der Leistungsdruck in der heutigen Zeit überfordert und überlastet.

Wenn die Körpermuskulatur nun stressbedingt zu stark angespannt ist, kann das zu dauerhaften gesundheitlichen Beschwerden führen – sowohl am Bewegungsapparat als auch an den inneren Organen. Mögliche Konsequenzen sind dann beispielsweise Kopfschmerzen, Verdauungsbeschwerden, Rückenschmerzen oder auch ein zu hoher Blutdruck. Psychischer Druck kann die körperliche Gesundheit also schädigen: Er kann uns langfristig krankmachen.

Das vegetative (autonome) Nervensystem ist ein wahres Wunderwerk. Es arbeitet zum einen mit dem Parasympathikus (der Entspannung) und zum anderen mit dem Sympathikus (der Anspannung). Die Anspannung sorgt zum Beispiel in bestimmten Situationen dafür, dass Du schnell reagieren kannst. Nach der Anspannung folgt dann die Entspannung.

Sobald Menschen unter extremen Stress stehen sind diese zwei Komponenten aber oftmals nicht mehr ausgeglichen vorhanden. Oftmals bleibt dann hier das Gefühl der Anspannung bestehen und es stellt sich kein Gefühl der Entspannung ein. Auf Dauer kann dieser Zustand negative körperliche und seelische Auswirkungen haben. Schlafstörungen, Kopfschmerzen, Burn-Out oder auch organische Folgen wie Verdauungsbeschwerden können Ursachen sein.

Bekanntermaßen beeinflussen sich Seele und Körper gegenseitig und darauf setzt auch die progressive Muskelentspannung. Bei dieser Entspannungsmethode kann die eigene Psyche über die Muskulatur des Körpers in einer sehr positiven Art und Weise beeinflusst werden.

Einzelne Muskelgruppen werden also für einige Sekunden angespannt. Nach ungefähr 10 Sekunden werden die Muskeln wieder entspannt, und es wird für rund 30 Sekunden der Entspannung nachgespürt.

Dieses Vorgehen wird nacheinander mit den verschiedenen Muskelgruppen des Körpers wiederholt – angefangen bei den Beinen, dem Gesäß, dem Bauch, den Armen und Händen, den Schultern und über das Gesicht!

Am Schluss der progressiven Muskelentspannung ist in der Regel der Alpha-Zustand erreicht und kann für die geistige Arbeit genutzt werden.

Dank dieser Entspannungstechnik kann sich wechselseitig der Körper entspannen und der Geist beruhigen. Das stärkt und macht widerstandsfähiger gegen schmerzhafte Verspannungen und belastenden Stresszuständen.

Zudem wird die eigene Körperwahrnehmung optimiert. Du erkennst, wo Du konkret verspannt bist und kannst mit der progressiven Muskelrelaxation gezielt entgegensteuern.

Wenn Du diese Methode regelmäßig praktizierst, dann kann sie Deine Gesundheit maßgeblich fördern – da sind sich auch Wissenschaftlicher in ihren Untersuchungen einig.

Die Tiefenentspannung hat einen harmonisierenden Effekt auf das vegetative Nervensystem unseres Körpers. Dieses Nervensystem ist vor allem für einen gesunden Blutdruck, optimale Verdauungsvorgänge, einen gesunden Herzschlag, die Atmung sowie leistungsfähige Stoffwechselvorgänge verantwortlich. Zahlreichen körperlichen Beschwerden, die mit diesen Bereichen zusammenhängen, kann durch diese Entspannungsmethode präventiv entgegengewirkt werden.

Im Grunde ist diese Entspannungsmethode für jeden Menschen sehr gut geeignet, vor allem, wenn es darum geht, die eigene Muskulatur zu kontrollieren und die Psyche gezielt zu stärken. Bei der progressiven Muskelentspannung wird vorrangig mit dem Körper gearbeitet, doch auch der Geist wird maßgeblich positiv beeinflusst und es entsteht eine gesunde innere Balance und mehr Wohlbefinden.

Kapitel 8 – Affirmationen zum Lebensthema

Du hast in diesem Buch bereits erfahren, wie wichtig der Alpha-Zustand nach dem Erreichen der Entspannung ist. Hierbei handelt es sich um einen Bewusstseinszustand zwischen Wachen und Schlafen. Dein Gehirn produziert in dieser Zeit hauptsächlich so genannte Alpha-Wellen. Genau in diesen Zustand hast Du den richtigen Zugang zu Deinem Unterbewusstsein für die Suggestion Deiner Affirmationen.

Du wirst nachfolgend nun ein paar Affirmationen für die verschiedenen Lebensphasen kennenlernen. Denke aber immer daran, dass Du hier nichts erzwingen musst. Hör auf Deinen Körper und tue Dir einfach etwas Gutes. Es ist wichtig, dass Dein Körper und Dein Geist gesund und glücklich sind.

So kannst Du viel erfolgreicher mit Affirmationen umgehen und fühlst Dich rundum wohl. Dieses Wohlbefinden sorgt nicht nur für ein kleines Momentgefühl, sondern für wirkliche Zufriedenheit. Nachfolgend findest Du ein paar Lebensbereiche, mit praktischen Anwendungstipps.

Es gibt bei Affirmationen keinen Lebensbereich, für den sie nicht geeignet sind. Du kannst Dir hier Bereich heraussuchen, bei denen Du spürst, dass sich hier etwas ändern sollte. Oftmals fühlen wir, dass unsere Gedanken oder unser Leben in vielen Momente nicht so verläuft wie wir das gerne möchten. Wähle Dir also ruhig einen Bereich aus, für den Du Dir etwas anderes wünscht. Hier ist es aber wichtig, dass Du nicht zu viel auf einmal von Dir erwartest. Nimm Dir den Bereich, der Dir aktuell am meisten am Herzen liegt und versuche ihn durch positive Affirmationen zu beeinflussen. Es gibt ein paar klassische Beispiele, in welchen Bereichen Affirmationen häufig angewendet werden. Diese sind:

- Gesundheit
- Gewicht
- Beruf
- Geld
- Selbstvertrauen
- Partnerschaft
- Achtsamkeit.

Beginne also in einem ersten Schritt damit, Dir zu überlegen was Du verändern möchtest. Suche Dir ganz bewusst einen Lebensbereich heraus. Nimm

Dir hierfür Zeit und gehe in Dich. Du selbst weißt am besten was gut für Dich ist und wo positive Affirmationen Dein Leben unterstützen können. Schreibe also auf ein Blatt zuerst einmal den Bereich auf, für den Du Dich entscheidest. Notiere ebenfalls, was genau Du verändern möchtest und wozu.

In den nächsten Kapiteln zeige ich Dir hier ein paar Lebensbereiche in denen Affirmationen Dir helfen können. Du findest ebenfalls ein paar Beispiele, wie diese Affirmationen aufgebaut sein können. Wichtig ist aber immer, dass Du auch Deine eigenen Ideen und Gedanken einbringst. Das sind hier immer nur Beispiele und Vorschläge, die aber keinesfalls die einzige Lösungsmöglichkeit sind.

Kapitel 8.1 – Partnerschaft

Etwas, was sich wohl jeder Mensch wünscht ist es, bedingungslos geliebt zu werden. Viele Menschen suchen diese Erfüllung in einer funktionierenden Beziehung. Es gibt aber auch einige Paare, die genau daran scheitern. Doch wie genau muss eine glückliche Partnerschaft aussehen? Jeder Mensch ist einzigartig und so sind auch die Wünsche und Bedürfnisse in einer Beziehung unterschiedlich. Für jeden ist eine funktionierende und harmonische Beziehung etwas anderes. Es gibt natürlich ein paar Begriffe, die bei den meisten Paaren fallen: Respekt, Ehrlichkeit, Nähe, Treue, Vertrauen, Liebe oder auch Wertschätzung. Um hier nur ein paar Beispiele zu nennen, sind das wohl die häufigsten Begriffe, die im Zusammenhang mit einer Partnerschaft fallen.

Eine bereichernde Beziehung profitiert auch von einem gesunden Freiraum. Das heißt natürlich nicht, dass Du nichts mehr mit Deinem Partner zusammen unternimmst. Es geht hier lediglich auch darum, dass Dein Partner auch etwas mit Freunden unternehmen darf. Viele Partnerschaften scheitern gerade daran, dass der andere die alleinige Aufmerksamkeit für sich gepachtet hat. Natürlich möchten sich Verliebte nicht voneinander trennen, doch ein gesunder Freiraum tut beiden gut.

Es gibt so viele Möglichkeiten, wie eine Beziehung gelingen kann. Wichtig ist hier immer, dass Du offen mit Deinem Partner, oder Deiner Partnerin kommunizierst. Gönnt Euch den nötigen Freiraum, schafft jedoch auch ganz bewusst Paar-Momente. Damit Deine Partnerschaft aber gelingen kann, solltest Du genau wissen, was Du Dir wünscht. Nur so kannst Du dies Deinem Partner auch kommunizieren und auch einen guten gemeinsamen Weg finden.

Schließe jetzt für einen kurzen Moment die Augen und überlege Dir, was Dir wichtig ist. Gibt es etwas, auf das Du ganz besonders wert legst? Was verstehst Du unter einer erfüllenden und glücklichen Partnerschaft? Du kannst Dir die Gedanken auch gerne notieren oder sie einfach laut vor Dich hinsagen. Spüre hier in Dich hinein, was Dir gut tut.

Es gibt eine Vielzahl an negativen Glaubenssätzen, die Dich in Deiner Beziehung negativ beeinflussen können. Diese können unter anderem sein:

- Ich bin es nicht wert, geliebt zu werden
- Geliebt zu werden muss man sich erarbeiten
- Ich bin nicht schön und begehrenswert.
- Ich kann in einer Beziehung nichts bieten
- Die Beziehung erfüllt nicht meine Bedürfnisse
- Ich erwarte von einer Beziehung, dass mein Partner oder meine Partnerin meine Bedürfnisse kennt

Negative Glaubenssätze beeinflussen oftmals das ganze Leben. Gerade auch eine Beziehung kann darunter leiden. Falls Du Dich nun in einigen Punkten wiedergefunden hast, ist es wichtig hier jetzt einen Kontrast zu setzen. Beginne damit, Dich konkret gegen diese negativen Glaubenssätze zu stellen. Die nachfolgenden Affirmationen sollen Dir dabei helfen, Dich positiv an Deiner Partnerschaft zu freuen und rundum glücklich zu sein.

Affirmationen

Nimm Dir für die nachfolgenden Affirmationen Zeit und lies sie Dir aufmerksam durch. Positive Affirmationen können hier sein:

- Ich bin es wert geliebt zu werde

- Ich bin ein liebenswerter Mensch.

- Es gibt einen Partner, der mich liebt.

- Durch meine Beziehung bin ich beflügelt.

- Die Partnerschaft und die Liebe daraus trägt mich in meinem Alltag.

- Ich bin ein Mensch, der sehr liebevoll ist.

- Ich liebe meinen Partner so wie er ist.

- Ich weiß, dass mich mein Partner so liebt wie ich bin.

- In unserer Beziehung erleben wir eine wunderschöne Zeit zusammen.

- In unserer Partnerschaft erleben wir beide unser persönliches Glück.

- Unsere Liebe trägt und beflügelt uns.

- Meine Beziehung ist wundervoll.

Nimm Dir immer wieder bewusst Zeit diese Affirmationen zu verinnerlichen. Du kannst hier auch Deine eigenen persönlichen Gedanken einbringen. Einzig und allein entscheidend ist, dass Du konstant daran arbeitest. So kannst Du Deine Beziehung in positive Bahnen lenken.

Zusätzlich zu Deinen Affirmationen gibt es noch ein paar Hilfestellungen, die Du ausprobieren kannst. Diese sind besonders hilfreich als Start in den Tag und auch für zwischendurch. Wir neigen oftmals dazu, die Dinge zu negativ zu sehen. Genau hier setzen diese Übungssätze an. Du kannst dir einzelne Punkte gerne herausschreiben und an einen sichtbaren Ort legen.

Wertvolle Alltagstipps für Deine Beziehung

- Achte am Tagesbeginn darauf, dass Du ihn voller Harmonie und Liebe beginnst.

- Es ist wichtig, dass Du Deinem Partner immer wieder sagst und auch signalisierst, wie wichtig er/sie für Dich ist.

- Versuche gemeinsame Aktivitäten zu finden.

- Probiere doch mal Deiner Partnerschaft einen neuen Schwung zu geben.

- Achtet auf einen liebevollen und respektvollen Umgang.

- Zeige Deinem Partner immer wieder, wie sehr Du ihn/sie liebst.

- Nimm Dir immer wieder bewusst Zeit für Deine Beziehung.

- Lasse Deinem Partner den Freiraum, sich auch mit Freunden zu treffen.

Praxisübung:
Nimm Dir nun ganz bewusst Zeit und versuche, die nachfolgenden Fragen zu beantworten. Hier ist es hilfreich, wenn Du diese nicht nur mündlich durchgehst, sondern sie auch notierst.

- *Welche Eigenschaften schätzt Du an Deinem Partner am meisten?*

- *Gibt es etwas, mit dem Du Deinem Partner heute Freude bereiten könntest?*

- *Gibt es etwas, worüber sich Dein Partner am meisten freuen würde?*

- *Überlege Dir kurz, wie Du Deinem Partner heute ganz bewusst zeigen kannst, dass Du ihn/sie liebst.*

- *Was könntest Du heute tun, damit Du ein bisschen Abwechslung in die Beziehung bringst?*

- *Gibt es etwas, was Dein Gegenüber überraschen würde?*

Dieses Kapitel war besonders wichtig, um nochmals den Blick ganz bewusst auf Deine Partnerschaft zu lenken. Es ist wichtig, dass Du eine gesunde und gute Einstellung zu Dir selbst und auch zu anderen hast. Der Mensch ist nicht dazu gemacht, allein zu sein. Umso wichtiger und wertvoller ist es Menschen, um sich zu haben, die einen lieben. Genieße Deine Partnerschaft also jeden Tag aus vollen Zügen.

Kapitel 8.2 – Geld

Bei vielen Menschen herrscht immer noch die Ansicht, dass Menschen mit materiellem Reichtum glücklich sein müssen. Diese Auffassung ist aber überhaupt nicht korrekt. Der wirkliche Reichtum, der Dich glücklich macht, ist der aus Deinem Herzen heraus. Für ein glückliches und erfülltes Leben brauchst Du als erstes eine gute Einstellung.

Das Glück hängt also nicht davon ab, wieviel Vermögen jemand vorweisen kann. Es kommt darauf an, dass Du im Herzen reich bist, denn nur das wird Dich wirklich glücklich machen. Sobald Du die Welt mit positiven Augen und Gedanken siehst, wirst Du sehen, wie sich auch Dein Umfeld verändert. Menschen, die alles negativ sehen, werden von anderen oftmals gemieden. Es tut jedem Menschen gut, wenn er positiv denkt und dies auch an andere weitergibt. Das hilft Dir nicht nur im privaten Umfeld, sondern auch im beruflichen. Eine Arbeitsatmosphäre, die eine gewisse Positivität ausstrahlt, beflügelt zu besten Leistungen. Kollegen und auch Arbeitgeber schätzen Mitarbeiter, die mit ihrer positiven Art etwas bewirken und eine gute Atmosphäre schaffen.

Es ist natürlich immer gut, wenn es jemand schafft, die eigene Berufung auch zum Beruf zu machen. Doch im Grunde kannst Du jeden Job fröhlich und glücklich machen. Deinen ganz persönlichen inneren und äußeren Reichtum kannst Du durch eine positive Einstellung beeinflussen. Sei Dir dessen immer wieder bewusst und achte ganz konkret auf die kleinen Momente in Deinem Alltag, in denen Du etwas positives Denken oder Sagen kannst.

Nimm Dir jetzt kurz einen kleinen Moment Zeit. Überlege Dir, welche Personen Du gerne in Deiner

Nähe hast. Sind es Menschen, die alles negativ sehen? Mit wem umgibst Du Dich gerne. Überlege Dir auch konkret bei Deinem Umfeld, wie die Menschen so denken.

Um Dich jetzt noch in den äußerlichen Reichtum hineinzuversetzen ist es wichtig, dass Du Dir folgende Fragen beantwortest:

- *Wofür gibst Du viel Geld aus?*
- *Möchtest Du durch das Kaufen ein inneres Bedürfnis befriedigen, oder benötigst Du die Dinge wirklich?*
- *Investierst Du in langfristige Investitionen und planst die Ausgaben vernünftig?*

Gedankenreise

Ich möchte mit Dir jetzt eine kleine Gedankenreise machen. Wichtig ist jetzt, dass Du versuchst Dich dort hineinzufühlen.

Stell Dir nun einmal vor, dass Du gerade unterwegs durch die Stadt bist. Du läufst durch die Fußgängerzone, neben Dir sind viele Menschen. Sobald Du nach links oder rechts schaust, siehst Du viele Geschäfte und jedes wirbt mit anderen Angeboten. Du hörst, wie neben Dir ein Ehepaar entlanggeht. Sie scheinen unzufrieden und reden über Geld. Sie bleiben an einem Schaufenster stehen und gehen in das Geschäft hinein. Du fragst Dich in diesem Moment, ob die Menschen wohl all diese Gegenstände benötigen.

Du schaust Dir die Schaufenster und die Angebote an, doch Du gehst bewusst weiter. Du weißt, dass Du diese Dinge gerade nicht brauchst. Du bist Dir sicher, dass es die Angebote auch morgen noch gibt. Du fühlst Dich gut dabei und kannst in Ruhe durch die Fußgängerzone schlendern. Du hast die ganzen Angebote wahrgenommen, doch Du hast nicht das Bedürfnis sie zu kaufen. Du fühlst Dich glücklich und frei, ohne jeglichen Druck etwas kaufen zu müssen.

Du kannst gut mit Geld umgehen und Du weißt auch genau, welche Anschaffung notwendig sind und welche nicht.

An so einem Beispiel kannst Du sehen, wie schnell wir stehen bleiben und der Versuchung unterliegen können, einfach Dinge zu kaufen. Gerade dann, wenn wir mit uns selbst nicht zufrieden und im Reinen sind.

Affirmationen

Es gibt einige Affirmationen, die Dir hier helfen können.

- Ich weiß, dass ich genügend Geld habe.
- Es macht mir Freude Geld zu verdienen.
- Ich habe genügend Geld zur Verfügung.
- Mir fehlt es an nichts.
- Es ist genug Geld für alle da.
- Ich bin es wert Geld zu besitzen.
- Ich bin ein Magnet und ziehe Geld an.
- Das Geld liebt mich und strömt mit Fülle zu mir.
- Es geht mir finanziell immer besser und besser.
- Mich begleitet stets Wohlstand und Fülle auf meinem Lebensweg.
- Ich bin dankbar für die finanzielle Fülle in meinem Leben.
- Meine Einnahmen sind höher als ich ausgebe.

Alltagstipps zum Thema Reichtum

Es gibt ein paar wertvolle Tipps, die Dir helfen können, eine andere Sichtweise auf das Thema

Reichtum zu bekommen. Versuche einmal jeden Tag mit diesen Gedanken zu beginnen.

- Schenke Deinem verdienten Geld die nötige Wertschätzung.

- Sei zufrieden mit dem, was Du hast

- Versuche die Dankbarkeit neu zu entdecken und wieder bewusst in Dein Leben zu nehmen.

- Mache Dir bewusst, dass Du alles hast was Du brauchst.

- Verschwende Dein Geld nicht und geh sorgfältig damit um.

- Notiere Dir die Einnahmen und Ausgaben in einem Haushaltbuch.

- Gib einen Teil des Geldes aus, spare einen Teil Deiner Einnahmen und spende an Bedürftige.

- Mache Dir Zwischenziele für Deinen Sparplan.

- Schließe keine unnötigen Verträge ab und prüfe vorher genau, ob Du diese wirklich benötigst.

Ein wirklicher glücklicher Mensch kannst Du nur werden, wenn Du Dir über Deinen inneren Reichtum bewusst bist. Ersuche durch die Affirmationen eine gute Einstellung zu Geld zu bekommen und Dir auch wirklich bewusst zu machen, dass Geld nicht alles ist. Es kommt im Leben auf so viel mehr an.

Praxisübung:
Stelle Dir in einer ruhigen Minute die nachfolgenden Fragen:

- *Was musst Du tun, um Deine Ausgaben zu reduzieren und Deine Einnahmen zu erhöhen?*

- *Gibt es ein besonders Ziel, auf das Du sparen möchtest?*

- *Wofür würde es sich lohnen zu sparen?*

- *Wem kannst Du finanziell helfen und ihn unterstützen?*

- *Was kannst Du tun, um innerlichen Reichtum zu erlangen?*

- *Für was kannst Du dankbar sein?*

Kapitel 8.3 - Kreativität

Ein wichtiger Einstiegsgedanke, den Du Dir unbedingt merken solltest, ist: Je mehr Du selbst von Deiner eigenen Kreativität überzeugt bist, desto kreativer bist Du.

Es gibt viele Möglichkeiten, wie Du kreativ sein kannst. Dies kann zum Beispiel die Fähigkeit sein, immer wieder neue Ideen zu kreieren und zu entwickeln. Es könnte auch sein, dass Du in der Lage bist zu bestimmten Situationen Dir im Kopf Bilder vorzustellen. Es gibt hier keinerlei Vorgaben oder Richtlinien, wie genau eine Kreativität erfolgen muss. Wichtig ist hier einzig und allein, dass Du selbst an Dich und Deine Kreativität glaubst und auch etwas Neues probierst.

Es gibt Affirmationen, die Dir helfen können, Deine Kreativität neu zu entdecken und zu steigern. Nachfolgend findest Du ein paar Affirmationen, wähle Dir hiervon nun 4 aus und notiere sie. Schreibe alles 10x hintereinander auf. Achte hierbei darauf, was Du währenddessen fühlst oder denkst. Negative Gedanken sind hier Dein eigener Kritiker. Prüfe deswegen genau, ob diese Gedankengänge gerechtfertigt sind und wenn nicht, dann wirf sie über Bord.

Affirmation

- Ich erlaube es mir ganz bewusst, kreativ zu sein.

- Meine kreative Ader sorgt dafür, dass ich selbst und andere heil werden.

- Ich will kreativ sein.

- Ich bin ein guter und erfolgreicher…. (zum Beispiel Autor, Designer, Künstler)

- Sobald ich es schaffe auf meine Kreativität zu hören, wird sich diese entfalten.

- Ich habe wirklich kreatives Talent.

- Es gibt einen wirklichen Platz für mein kreatives Talent.

- Auch kreativ Schaffende können wohlhabend sein.

Kapitel 8.4 – Selbstbewusstsein

Jeder Mensch braucht eine gute Portion Selbstbewusstsein. Nicht nur für sich selbst, sondern auch im Umgang mit den Mitmenschen. Viele Personen haben heute ein mangelndes Selbstbewusstsein. Es ist wichtig, dass Du hier wirklich versuchst daran zu arbeiten. Sage immer wieder offen Deine Ansichten und vertrete diese auch. Das ist ein erster wichtiger Schritt, um Dir selbst auch treu zu bleiben und Deine Meinung gegenüber anderen zu vertreten.

Sei Dir darüber im Klaren, dass Du Deine Bequemlichkeitszone verlassen musst. Verschließe die Augen nicht vor unangenehmen Gesprächen und Situationen. Gehe diese konkret und bewusst an. Du wirst sehen, je mehr Du das tust, desto mehr wird das Selbstbewusstsein wachsen. Das tut Dir gut und Deinem Mitmenschen ebenfalls.

Nutze Deine persönlichen Gedanken und Wünsche, um Dir hieraus auch etwas für die Zukunft zu überlegen.

- In welchen Situationen könntest Du selbstbewusster sein?

- Was genau musst Du tun, um Dein Selbstbewusstsein zu stärken?

Dieses Wort besteht aus den beiden Wörtern „Selbst“ und „Bewusstsein“. Es sagt genau das aus, um das es im wesentlichen Kern geht, nämlich:

- Wie bewusst bist Du Dir Deiner selbst?

- Weißt Du, wer Du wirklich bist?

- Bist Du Dir Deiner Stärken, Fähigkeiten und Talente vollumfänglich bewusst?

- Weißt Du sozusagen, wer Du bist, was Du kannst, was Dich ausmacht und wohin Du möchtest?

Damit Du für andere eine Bereicherung sein kannst, musst Du erstmal wissen, wer Du selbst bist. Deswegen ist es auch umso wichtiger, dass Du selbst mit Dir im Reinen bist. Du solltest zu Deinen Wünschen und Bedürfnissen stehen und diese auch vor anderen vertreten.

Nimm Dir bewusst vor, die nachfolgenden Affirmationen immer wieder zu praktizieren. Gerade um Dein Selbstbewusstsein zu steigern, gibt es viele Affirmationen, die Dir dabei helfen können.

Affirmationen

- Ich finde mich gut so wie ich bin.

- Ich liebe mich selbst.

- Ich weiß, dass ich mir vertrauen kann.

- Meine innere Stärke strahlt nach außen.

- Ab dem heutigen Tag werde ich beginnen etwas Neues zu probieren und meine Träume zu leben.

- Ich bin für mein Leben verantwortlich und nehme dies auch selbst in die Hand.

- Mit mir können alle Spaß haben.

- Andere Menschen umgeben sich gerne mit mir.

- Ich kann anderen gut zuhören.

- Meine Füße stehen fest auf dem Boden.

- Ich fülle den Raum aus, den ich brauche.

- Meine Sprache ist deutlich und laut.

- Ich weiß genau wer ich bin, was ich für Fähigkeiten habe und was ich erreichen möchte.

- Ich bin stolz auf das was ich bisher geschafft habe.

- Ich liebe mich, ganz egal was andere denken und sagen.

- Ich weiß, dass mein Leben sinnvoll ist.

- Ich kann meine Wünsche offen kommunizieren und zu ihnen stehen.

- Mit Kritik und Zurückweisung gehe ich souverän um..

- Ich weiß das ich nicht perfekt sein muss und das ist absolut ok für mich.

- Ich achte auf mich selbst und höre auf meine Gefühle.

- Ich bin einzigartig und wunderbar.

- Ich genieße ab heute meine Gefühle in vollen Zügen.

- Ich weiß das ich selbstbewusst bin.

Alltagstipps für mehr Selbstbewusstsein

Diese kleinen Alltagshelfer können Dich dabei unterstützen, Selbstbewusstsein aufzubauen. Versuche sie tief zu verinnerlichen und Dir immer wieder aufzusagen. Glaube auch an das was Du sagst und vertraue auf Dich und Deine Fähigkeiten.

- Beginne jeden Tag mit positiven Gedanken.

- Versuche jeden Morgen an etwas zu denken, worauf Du Dich freust.
- Akzeptiere Dich so wie Du bist mit all Deinen Fehlern und Schwächen.
- Lächle andere Menschen an.
- Höre auf, Dich mit anderen zu vergleichen.
- Betreibe Sport und ernähre Dich gesund.
- Sei glücklich über das, was Du hast.
- Gönn Dir immer wieder Auszeiten für Dich selbst und tue Dir etwas Gutes.
- Glaube an Deine Stärken und Fähigkeiten.
- Achte auf Deinen Körper und gehe respektvoll mit ihm um.
- Gehe spazieren und genieße die Natur.

Mache Dir immer wieder bewusst, wie einzigartig und wertvoll Du bist. Schaue nicht darauf, was andere können, sondern konzentriere Dich auf Dein eigenes Leben mit all seinen Facetten.

Du wirst sehen, sobald Du in Deinem Leben

einen Sinn findest, wird sich jeder Tag verändern.

Es gibt ein paar hilfreiche Fragen, die Du Dir stellen solltest, wenn Du Dich näher mit Deinem eigenen Selbstbewusstsein beschäftigen möchtest.

- Wer bist Du?
- Was kannst Du besonders gut?
- Was hast Du bisher in Deinem Leben erreicht?
- Gibt es etwas, worauf Du stolz bist?
- Was kannst Du selbst tun, um Dich glücklich zu machen?
- Was machst Du sehr gerne?
- Was müsstest Du heute tun, um Freude zu spüren?

Kapitel 8.5 – Schlaf

Viele Schlafprobleme resultieren aus negativen Gedanken. Oftmals kreisen die Gedanken vor dem Schlafengehen um alle möglichen Themen wie Partnerschaft, Finanzen, Arbeit oder ähnliches. Das Einschlafen oder Durchschlafen wird dann oftmals durch diese Gedanken gestört.

Viele Menschen kennen wohl dieses Problem, dass dann nachts versucht wird eine Lösung für alltägliche Probleme zu finden. Genau das ist aber sehr kontraproduktiv. Das Gehirn benötigt eine wirkliche Ruhepause, um sich zu regenerieren. Diese Regeneration wird aber beeinträchtigt, durch einen schlechten und unausgeglichenen Schlaf. Statt dass Du Dich nachts mit diesen Gedanken beschäftigst, solltest Du diese lieber am nächsten Tag aufschreiben.

Ein erholsamer Schlaf ist für den Körper wichtig. Während der Nachtphasen erholen sich Deine Organe. Vielleicht kennst Du das Gefühl, nach einer schlecht geschlafenen Nacht fühlt man sich am nächsten Morgen wie gerädert. Grundsätzlich ist es wichtig, dass Dein Körper ausreichend Ruhephasen hat und auch genügend Schlaf. Du solltest nicht zu wenig, aber auch nicht zu viel schlafen.

Lass los!

Es ist wichtig, dass Du versuchst Deine negativen Gedanken vor dem Schlafengehen loszulassen. Rufe Dich hier immer wieder ganz konkret zur Ordnung und konzentriere Dich wirklich darauf, dass Du Dich von all diesen Gedanken nicht beherrschen lässt.

Es gibt Affirmationen, die über die Atmung ausgeführt werden. Nachfolgend findest Du Beispiele hierfür. Es wäre wichtig, dass Du diese Übungen probierst, falls Du unter Schlafproblemen leidest. Gibt Dir aber hier auch Zeit, es lässt sich nichts von heute auf morgen verändern. Alles braucht seine Zeit und Du wirst sehen, dass Du Dich schon nach kurzer Zeit besser fühlen wirst.

Es gibt ein paar hilfreiche Affirmationen, die mit der bewussten Atmung einhergehen. Nachfolgend findest Du nun Beispiele hierfür. Probiere diese doch abends aus und schaue, ob sie Dir guttun.

Einatmung:

Du schließt Deine Augen und denkst „Ich schaffe es immer leichter einzuschlafen".

Ausatmung:

Du atmest tief und fest aus und beginnst zu denken: „Meine Gedanken sind ganz leicht und schweben davon".

Falls Du während dieser Übung feststellst, dass Deine Gedanken wieder zu kreisen beginnen, dann konzentriere Dich auf die Atem-Affirmation.

Es gibt noch weitere Affirmationen, die Dir helfen können, einen besseren Schlaf zu bekommen:

- Jede Nacht schlafe ich durch.
- Sobald ich in meinem Schlafzimmer bin, sind meine Gedanken ganz frei. Ich fühle mich losgelöst von ihnen.
- Ich achte auf ausreichend Schlaf.
- Ich stehe sofort nach dem Weck-Ton auf.
- Ich lasse meine Schlafprobleme los. Sie gehören ab heute nicht mehr zu meinem Leben dazu.
- Jeder Abend ist entspannt und ich kann ruhig einschlafen.
- Mein Schlafzimmer bietet alles was ich brauche, den nötigen Komfort sowie einen Ort der Entspannung.
- Obwohl ich tagsüber wach bin, schaffe ich es nachts ganz normal durchzuschlafen.

Du konntest sehen, dass diese Affirmationen ein größerer Aufwand sind als gedacht. Nimm Dir deswegen ausreichend Zeit, um Dir etwas Gutes zu tun.

Kapitel 8.6 - Einsamkeit

In der heutigen Zeit fühlen sich immer mehr Menschen einsam und allein. Das betrifft mittlerweile sogar auch Kinder, Ehepaare oder Alleinerziehende. Es gibt viele Möglichkeiten, wie Menschen Hilfe bekommen können und besser mit der Situation umgehen können.

Ein großes Problem ist es oftmals, dass jede Person Einsamkeit anders empfindet. Der Umgang ist auch von Person zu Person verschieden. Deswegen gibt es auch keine allgemeingültige Lösung, sondern jede ist individuell.

Manche Menschen beginnen sich immer weiter zurückzuziehen und von der Außenwelt zu distanzieren, andere wiederum werden aggressiv. Für viele ist es aber schwierig sich auch einzugestehen, dass sie einsam sind. Sie beginnen andere durch ihr Lächeln zu täuschen und ihre eigenen Gefühle zu verheimlichen.

Jeder Mensch möchte geliebt und anerkannt sein. Ein Umfeld, in dem man sich wohlfühlt und wertgeschätzt fühlt, dass wünscht sich wohl jeder. Du kannst ganz konkret etwas gegen Einsamkeit tun. Viele fühlen sich auch innerlich einsam. Das ist ein Gefühl, nicht verstanden und allein zu sein. Gegen das kannst Du ganz bewusst etwas tun.

Affirmationen

Positive Affirmationen können Dir dabei helfen, Dich besser zu fühlen.

Nimm Dir jetzt ganz bewusst die nachfolgenden Affirmationen als Hilfestellung. Sage sie Dir immer wieder selbst vor und gönn Dir Momente nur für Dich.

- Ich genieße das Leben so wie es gerade ist.

- Ich bin wertvoll und weiß das auch.

- Ich verwöhne mich auch gerne selbst und tue mir etwas Gutes.

- Ich freue mich, dass ich neue Herausforderungen meistern kann.

- Ich liebe mich und schätze mich wert.

- Ich bin dankbar für meine Familie, meine Freunde und auch für mich selbst.

- Ich nehme mir jeden Tag Zeit dafür, ganz bewusst zu üben, wie ich die Einsamkeit besiegen kann. Einsamkeit kann man wunderbar besiegen.

- Ich mag es mir durch bestimmte Gewohnheit zu mehr Lebensfreude zu verhelfen.

- Ich bin zwar allein, aber ich fühle mich nicht einsam.

Kapitel 8.7 – Übergewicht

Viele Menschen haben Probleme damit, Gewicht zu reduzieren und einen gesunden Lebensstil zu pflegen. Glaubst Du persönlich, dass das schwierig ist? Gehörst Du auch zu den Menschen, die bereits unzählige Diäten hinter sich haben, aber bisher keinen Erfolg erzielen konnten? Das Problem haben ganz viele Menschen. Als Erstes ist es für Dich wichtig zu wissen, dass Du nicht allein bist.

Jeder Mensch, möchte sich gesund und wohl fühlen. Dazu gehört es natürlich auch, überflüssige Kilos zu verlieren. Es gibt viele Menschen, die an ihren Versuchen abzunehmen scheitern und aufgeben. In diesen Momenten scheint es sinnlos und unerreichbar zu sein. Das Wohlfühlgewicht rückt in weite Ferne und stattdessen beginnt der Frust und die Enttäuschung. Du darfst hier nicht aufgeben. Abzunehmen dauert seine Zeit, immerhin kamen die Kilos auch nicht von heute auf morgen. Wichtig ist, dass Du bereits den ersten großen Schritt getan hast, indem Du Dich dafür entschieden hast, etwas in Deinem Leben zu ändern. Hier kannst Du stolz auf Dich sein. Im Leben brauchen wir alle ein wenig Durchhaltevermögen und Geduld. Das gilt natürlich auch für das Thema Abnehmen. Gib hier nicht auf, auch wenn Du bereits ein paar Versuche unternommen hast. Steh wieder auf und probiere es erneut.

Die Ernährung und ausreichend Bewegung sind entscheidend, im Kampf gegen überflüssige Pfunde. So kannst Du auch ganz gezielt mit einer ausgewogenen und guten Ernährung etwas für Dich selbst tun. Schlechte Essgewohnheiten kommen oftmals aus einer emotional instabilen Situation heraus. Stress, Trauer, Einsamkeit oder auch Ängste sorgen dafür, dass zu viel gegessen und zu schlechten Lebensmitteln gegriffen wird. Ein stressiger Arbeitsalltag, das Ende einer Beziehung, depressive Stimmungen oder auch finanzielle Ängste bringen viele Menschen in diesen Teufelskreis hinein. Es werden viel Zuckerprodukte, Fast Food oder Fertiggerichte verzehrt. Oft fehlen das rechte Maß und auch ein Bewusstsein für gesunde und gute Lebensmittel. Essen ist hier oftmals ein Trostspender und lässt die Sorgen und Ängste für einen Moment vergessen. Genau hier liegt aber ein großes Problem. Essen sollte vielmehr ein Genuss und etwas Bewusstes sein. Viele beginnen dann mit einem Sportprogramm, allerdings ohne die Ernährung umzustellen und ihre eigenen Gewohnheiten zu verändern. Es nützt hier nichts eine 10er-Schwimmkarte zu besitzen, aber nie dorthin zu gehen.

Wichtig ist nicht nur gedanklich zu wissen, was Du tun solltest, um abzunehmen, sondern auch an Deinen eigenen Glaubenssätzen und Deiner inneren Einstellung zu arbeiten.

Damit Du wirklich Erfolg haben wirst, solltest Du Dir immer wieder bewusst machen, dass Du es schaffen kannst. Dein Wille kann Dir dabei helfen und Dich stützen in dieser Zeit.

Dein erster Schritt zu einem neuen Weg ist es also, Dir selbst „Ja“ zu diesem Weg zu sagen. Das solltest Du aus ganzem Herzen und mit voller Überzeugung tun. Glaube an Dich, dass Du es schaffen wirst. Noch ist nichts verloren und Dein Körper kann sich verändern. Dein Unterbewusstsein muss hier allerdings mitspielen. Wenn Du selbst nicht an Dich glaubst und daran, dass Du es schaffen kannst, ist es umso schwieriger.

Affirmationen können Dir dabei helfen, Dein Wunschgewicht zu erreichen. Das positive Mindset ist ein entscheidender Faktor für das Erreichen Deiner Ziele. Vielleicht hast Du auch schonmal gemerkt, wie eine positive Einstellung Dich beflügeln kann. Im Laufe des Lebens gibt es allerdings einige negative Glaubenssätze, die sich verfestigen. Gegen diese gilt es jetzt ganz bewusst anzukämpfen und in positive zu verändern. Du musst allerdings etwas Geduld mitbringen, denn solche Veränderungen dauern seine Zeit. Du wirst es aber nicht bereuen und sehen, wie sehr eine positive Einstellung Dein Leben verändern wird. Nicht nur Dein Leben, sondern auch Deine Figur wird davon profitieren.

Affirmation

- Ich bin zufrieden mit mir und ich liebe mich selbst.

- Ich bin mit meinem Körper in Frieden.

- Ich spüre, dass ich jeden Tag gesünder und stärker werde.

- Mir tut es gut, wenn ich, ich selbst sein kann.

- Ich fokussiere mich heute auf Dinge, die in meinem Leben gut sind.

- Mein Körper und meine Seele beginnen zu heilen.

- Ich fühle, dass sich mein Leben positiv verändert.

- Es tut mir gut, sich gut und gesund zu ernähren.

Kapitel 8.8 – Ziele erreichen

Ein Ziel zu erreichen ist für viele Menschen eine Hürde. Oft scheitert es gerade an der mentalen Stärke. Sie scheitern daran, dass sie nicht wissen, wie sie ihre Stärke richtig einsetzen sollen. Affirmationen können hierbei besonders helfen. Wenn Du gleich zu Beginn ein Ziel konkret formulierst und auch daran glaubst, kannst Du es erreichen. Sage Dir also zum Beispiel „Ich werde befördert und Abteilungsleiterin werden“. Setze Dir hier konkrete Vorstellungen und Bilder. Wiederhole immer wieder Deine Affirmationen und Deine Vorstellungen und glaube daran. Es ist wichtig, dass Du standhaft bleibst und nicht aufhörst Dir diese Affirmationen zu sagen. Es gibt immer wieder Durststrecken im Leben. Hier gilt es geduldig zu bleiben und immer weiter die Ziele fest im Blick zu haben.

Es gibt ein paar Affirmationen, die Dich beim Durchhalten motivieren können. Schreibe die Affirmationen auf. Du kannst sie falls Du gerne singst, auch jeden Tag versuchen zu singen. Es gibt viele Möglichkeiten wie Du Dir Deine Affirmationen immer ins Bewusstsein rufen kannst. Sei ruhig kreativ und probiere verschiedene Varianten aus.

Affirmationen

- Ich kann alles erreichen was ich möchte.
- Ich bin stark und ich weiß, dass ich auch schwierige Zeiten durchstehen kann.
- Jeder Tag ist für mich eine neue Möglichkeit meine Ziele zu erreichen.
- Ich bin fähig aus meinen Fehlern zu lernen.
- Alles was ich bisher erreicht habe, habe ich verdient.
- Ich trage alles was für meine Ziele brauche, bereits in mir.
- Ich bin zielstrebig und werde es jeden Tag mehr.
- Fehler machen mich stark und helfen mir.
- Ich weiß, dass ich wertvoll bin und mein Leben einen Sinn hat.

- Ich kann jede Hürde schaffen.
- Ich entwickle meine Zielstrebigkeit.

Kapitel 8.9 - Gesundheit

Gesund sein bedeutet, seinen Körper, Geist und die Seele zu pflegen. Gesund zu leben heißt vorzubeugen und seinem Körper die Nahrung zuzuführen, die er benötigt. Gesundheit ist etwas, dass Du mit Geld nicht bezahlen kannst. Sie ist so wertvoll, dass es wichtig ist, darauf aufzupassen.

Stelle Dir zu Beginn ein paar wichtige Fragen:

- Wann hast Du das letzte Mal auf Deinen Körper gehört?
- Wie reagierst Du auf die ersten Anzeichen einer Erkältung?
- Schenkst Du Dir ausreichend Schlaf und Phasen der Entspannung? Ernährst Du Dich ausgewogen und gesund?
- Wieviel Obst und Gemüse isst Du pro Tag?
- Versorgst Du Deinen Organismus mit genügend Vitaminen?

- Trinkst Du ausreichend viel Mineralwasser?
- Wie viele Tassen Kaffee brauchst Du morgens, um in die Gänge zu kommen?
- Nimmst Du Dir reichlich Zeit zum Kauen?
- Genießt Du Dein Essen?
- Pflegst Du Deine Haut?
- Liebst Du Deinen Körper?
- Treibst Du Sport?
- Meditierst Du?

Nimm Dir für die Beantwortung Deiner Fragen hier ausreichend Zeit. Du kannst sie gerne notieren oder auch öfters wiederholen.

Nachfolgende Affirmationen können Dir helfen, ein besseres Körperbewusstsein zu bekommen und ein Gespür für Deine Gesundheit. Tu Dir selbst etwas Gutes, das ist hier ganz klar das Motto.

Affirmationen
- Ich liebe meinen Körper.

- Ich sorge gut für meinen Körper.
- Mein Körper, mein Geist und meine Seele sind im Einklang.
- Tagtäglich leistet mein Körper großartige Arbeit.
- Ich bin stolz auf ihn.
- Gesundheit ist mein natürlicher Zustand.
- Heilung geschieht.
- Meine Organe sind vollkommen gesund.
- Ich bin gesund.
- Ich achte auf die Signale meines Körpers.
- Ich bin wundervoll und einzigartig.
- Ich liebe mich und bin gut so, wie ich bin.

Alltagstipps für jeden Tag

- Achte auf positive Gedanken.
- Bringe Körper, Geist und Seele in Einklang.
- Ernähre Dich gesund.

- Führe Deinem Körper ausreichend Vitamine zu.
- Trinke viel Mineralwasser.
- Obst und Gemüse gehören zu jeder Mahlzeit dazu.
- Verzichte auf Alkohol und Zigaretten.
- Schenke Deinem Körper ausreichend Schlaf.
- Meditiere.
- Treibe Sport.
- Mache Yoga.
- Gehe ins Fitnesscenter.
- Sei dankbar für Dein Wunderwerk Körper.
- Gönne Dir selbst etwas Gutes.

Gesundheit ist ein wichtiges Gut. Gehe deswegen gut mit Dir selbst, Deinem Körper und Deinem Geist um.

Fragen, die Dich stärken sollen

- Was kann ich mir heute Gutes tun?
- Wie kann ich mich verwöhnen?
- Was kann ich tun, um meine Gesundheit zu erhalten (zu verbessern)?
- Wie kann ich die richtige Balance finden?
- Wer kann mich beim Erhalt meiner Gesundheit unterstützen?
- Welche Nahrungsmittel streiche ich von meinem Speiseplan?
- Welche Obst- und Gemüsesorten möchte ich ausprobieren?
- Wann ich mich sportlich betätigen?
- Wie kann ich den Kaffeekonsum reduzieren?

Kapitel 8.10 – Beruf

Machen Sie Ihren Beruf zur Berufung. Wenn Sie Ihre Arbeit nur als Mittel zum Geldverdienen ansehen, wird sie Ihnen nicht sonderlich leicht von der Hand gehen. Sie müssen sich zusammenreißen und quälen sich über den Tag hinweg. Das ist nicht Sinn und Zweck eines Jobs.

Wohlwollende Gedanken

Einer Tätigkeit nachzugehen, die nicht als erfüllend erlebt wird, ist reine Zeitverschwendung. Die Arbeit macht keinen Spaß, sie dient lediglich dazu, Geld zu verdienen oder sich, im schlimmsten Falle, gerade über Wasser halten zu können. Während dieser Zeit geht kostbare Energie verloren.

Der Beruf aber, der auch als Berufung erlebt wird, ist ein Teil Ihres Selbst. Sie blühen in Ihrer Arbeit voll und ganz auf und vergessen dabei die Zeit. Sie lieben Ihre Tätigkeit.

Jeden Morgen machen Sie sich energiegeladen und voller Vorfreude ans Werk. In Ihrer Arbeit verwirklichen Sie sich selbst. Sie setzen sowohl Ihre Energie als auch Ihre Zeit sinnvoll ein. Es geht Ihnen gut.

Affirmationen

- Ich liebe meine Arbeit.
- Ich bin gut in meinem Job.
- Meine Arbeit macht mir Spaß.
- Ich glaube an meine Fähigkeiten.

- Ich kann das schaffen.
- Gerne bilde ich mich weiter.
- Meine Energie fließt.
- Ich lasse meiner Kreativität freien Lauf.
- Die Arbeitszeit vergeht wie im Fluge.
- Mein Chef ist zufrieden mit meiner Arbeit.
- Ich stelle meine Leistung selbstbewusst dar.
- Ich stehe mit beiden Beinen voll im Leben.
- Meine herausragende Leistung wird von allen geschätzt.
- In meinem Job kann ich mich frei entfalten.
- Ich habe den idealen Arbeitsplatz.
- Ich bin kreativ und leistungsstark.

Tipps für einen schönen und gelungenen Tag

- Beginnen Sie Ihren Tag mit freudigen Gedanken an Ihren Job.
- Vertrauen Sie Ihren Fähigkeiten.

- Setzen Sie Ihre Kenntnisse gekonnt ein.
- Gehen Sie zielorientiert vor.
- Bilden Sie sich regelmäßig weiter.
- Schätzen Sie Ihre Arbeit.
- Loben Sie die Arbeit Ihrer Kollegen.
- Bleiben Sie zuverlässig, souverän und seriös.
- Pflegen Sie einen guten Umgang mit Ihren Kollegen.
- Seien Sie respektvoll Ihrem Chef gegenüber.
- Gehen sie höflich auf die Kunden zu.
- Verhandeln Sie fair mit Lieferanten und Geschäftspartnern.
- Nutzen Sie Ihre Zeit sinnvoll.
- Lassen Sie Ihre Energie fließen.
- Bringen Sie Ihr Herz zum Singen.

In Ihrer Arbeit gehen sie voll und ganz auf und vergessen dabei alles um sich herum. Ihre Tätigkeit ist gleichermaßen Beruf wie auch Berufung. Sie lieben Ihren Job.

Fragen, die Sie stärken werden

- Was gefällt mir an meiner Arbeit?
- Was könnte ich noch verbessern?
- Wer könnte mich bei der Umsetzung unterstützen?
- Was will ich noch erreichen?
- Welches ist mein oberstes Ziel?
- Welche Etappenziele setze ich mir?
- Wie kann ich meine Zeit noch sinnvoller gestalten?
- Auf welche Leistungen und Errungenschaften bin ich besonders stolz?
- Welche Erfolge kann ich bisher verzeichnen?
- Wie kann ich meine Kollegen unterstützen?
- Wofür kann ich meinem Chef danken?
- Was möchte ich noch lernen?

- Auf welchem Gebiet möchte ich mich weiterbilden?
- Wem kann ich mit Rat und Tat zur Seite stehen?
- Auf welche Weise kann ich mein Fachwissen vertiefen?
- Von Tag zu Tag geht es mir immer besser.
- Jeden Tag macht mir meine Arbeit mehr Freude.

  Alles ist gut.

Kapitel 8.11 - Soziale Beziehungen

Täglich sind wir mit Menschen zusammen. Soziale Beziehungen gehören einfach zum Leben dazu. Umso wichtiger ist es, die emotionalen und sozialen Fähigkeiten zu verbessern, zu stärken und auszubauen. Soziale Beziehung sind für jeden Menschen ausgesprochen wichtig. Menschen, die niemanden mehr haben, verkümmern oftmals seelisch. Umso wichtiger ist es, dass Du Deine sozialen Kontakte pflegst und ihnen auch wohlwollend begegnest.

Mit wievielen Menschen hast Du es täglich zu tun? Warum machst Du Dir nicht einfach mal die Mühe und schreibst auf, wer Dir im Laufe des Tages alles über den Weg gelaufen ist? Erstaunt wirst Du feststellen, wie viele es waren, denn flüchtige Begegnungen vergessen wir schnell. An sie erinnern wir uns am nächsten Tag kaum noch.

Affirmationen

- Ich habe gute soziale Fähigkeiten.
- Ich bin liebevoll und mitfühlend.
- Aufmerksam höre ich meinen Mitmenschen zu.
- Ich bin ein guter Zuhörer.
- Ich lese zwischen den Zeilen.
- Ich schätze mich und meine Mitmenschen.
- Liebenswerte Menschen umgeben mich.
- Ich habe glückliche Beziehungen.
- Ich ziehe die richtigen Menschen zum richtigen Zeitpunkt an.
- Harmonische soziale Kontakte sind mir wichtig.

- Ich respektiere die Meinung meiner Mitmenschen.

- Ich vertrete klar und deutlich meinen Standpunkt.

- Meinen Mitmenschen begegne ich mit Respekt und Achtung.

- Ich verdiene Respekt und Achtung.

- Ich bin es wert, freundlich und respektvoll behandelt zu werden.

- Meine Mitmenschen sind gerne mit mir zusammen.

Alltagstipps

- Beginne den heutigen Tag mit liebevollen Gedanken.

- Sage Deinen Mitmenschen, dass Du sie schätzt.

- Sei aufmerksam, zuvorkommend und hilfsbereit.

- Gehe respektvoll mit Mitmenschen um.

- Schenke auch fremden Menschen ein Lächeln.

- Erfreue Dich an Deinen Freunden.

- Nimm Dir Zeit für Freundschaften.

- Pflege Deine Kontakte.

- Sei Sie offen und ehrlich.

- Lade Deine Freunde zum Essen ein.

- Verbringe Zeit mit Deinem besten Freund.

- Zeige Deiner Freundin, dass sie sich auf Dich verlassen kann.

Deine Mitmenschen sind gerne mit Dir zusammen. Du wirst wertgeschätzt, geachtet und mit Respekt behandelt. Du bist ein guter Zuhörer und weißt das auch. Deine Freunde genießen die gemeinsame Zeit mit Dir. Du verbringst gerne Deine freie Zeit mit Deinen Freunden.

Fragen, die Dich stärken sollen

- Was schätze ich an … (Name) besonders?

- Wie kann ich meiner besten Freundin heute eine Freude machen?

- Wobei kann ich meinen Freund unterstützen?

- Wie kann ich meinem Kollegen zur Seite stehen?
- Was kann ich heute tun, um ... (Name) glücklich zu machen?
- Worüber freut er/sie sich am meisten?
- Was kann ich heute Gutes tun?
- Wem kann ich helfen?

Kapitel 8.12 - Angst

Wir fürchten uns vor Nähe und wir fürchten uns vor dem Alleinsein. Wir fürchten uns davor, anderen offen zu zeigen, wer wir sind und welche Bedürfnisse wir haben, und wir fürchten uns davor, uns von der Vergangenheit zu lösen.

Liebe ist das Wunder, nach dem wir alle suchen. Selbstliebe bewirkt in unserem Leben wahre Wunder. Damit ist nicht Eitelkeit oder Arroganz gemeint, denn das ist keine Liebe. Das ist Angst. Es geht um Selbstachtung und Dankbarkeit für das Wunder unseres Körpers und Bewusstseins.

Wenn wir uns »nicht gut genug« fühlen, fällt es uns schwer, gute Entscheidungen zu treffen. Welche Entscheidungsgrundlage hast Du, wenn Du Dir Deiner selbst nicht sicher bist?

Emotionale Probleme sind für uns am schmerzhaftesten. Gelegentlich fühlen wir uns alle einmal wütend, traurig, einsam, schuldig, nervös oder ängstlich. Wenn wir uns allerdings von diesen Gefühlen beherrschen lassen, kann unser Leben zu einem emotionalen Schlachtfeld werden.

Wie wir mit unseren Gefühlen umgehen, darauf kommt es an.

Angst ist immer mit Anspannung verbunden. Ein hilfreiches Gegenmittel ist deshalb die Fähigkeit, sich zu entspannen.

Die Affirmation gegen Angst benutzt die Atmung, um einen leichten Entspannungszustand herbeizuführen.

Wenn Du mit etwas beschäftigt bist, und keine Zeit für eine Atemübung hast, kannst Du einfach während Deiner Beschäftigung zur Bekräftigung die Affirmation sprechen oder denken.

Und wenn Du ein paar ungestörte Minuten hast, kannst Du den ersten Satz synchron zum Atmen denken und dich dabei bewusst entspannen

Sage nun beim Ausatmen:

"Mit jedem Atemzug strömt Angst aus ..."

Sage nun beim Einatmen:

"... und Friede ein."

Spüre wie die Angst weniger wird, und Ruhe sich ausbreitet.

- Entspanne Deinen ganzen Körper.
- Entspanne Zunge, Hals und Schultern.
- Entspanne Rücken, Bauch und Becken.
- Atme ruhig und friedlich, während Du Deine Beine und Füße entspannst.

Sagen in diesem entspannten, behaglichen Zustand:

- Ich bin bereit loszulassen.
- Ich lasse los.
- Ich lasse alle Anspannung los.
- Ich lasse alle Furcht los.
- Ich lasse alle Wut los.

- Ich lasse alle Schuldgefühle los.
- Ich lasse alle Traurigkeit los.
- Ich löse mich von alten einengenden Denkmustern.
- Ich lasse los und ich bin friedvoll.
- Ich bin im Frieden mit mir selbst.
- Ich bin im Frieden mit dem Lauf des Lebens.
- Ich bin sicher und geborgen.

Wiederhole diese Übung zwei- oder dreimal.

Bis es Dir zur festen Routine wird, braucht es etwas Übung. Wenn Du mit der Übung vertraut bist, kannst Du sie überall und jederzeit praktizieren. Dann kannst Du Dich in jeder Situation vollständig entspannen.

Kapitel 9 - Zusammenfassung

Die 7 Schritte der Wandlung

Du hast nun einiges über das positive Denken und das richtige Affirmieren gelesen und auch viele Praxisübungen dazu gemacht.

Dieses Wissen, das Du Dir nun angeeignet hast, solltest Du jetzt ganz konkret in Deinem Alltag anwenden.

Der erste Schritt ist immer das Erkennen negativer Glaubenssätze: Was hindert Dich in Deinem Leben? Was hemmt und beeinträchtigt Dich? Wo nehmen Dir Glaubenssätze die Chance, neue Erfahrungen zu machen und Dich selbst zu verändern?

Der zweite Schritt ist die richtigen Affirmationen zu finden, um die negativen Glaubenssätze ins Positive umzukehren. Was möchtest Du gerne erreichen? Was ist Dein Ziel und dein sehnlichster Traum? Glaube an Deine Wünsche, Ziele und Träume, denn damit schaffst Du eine ideale Basis.

Der dritte Schritt ist die Manifestation dieser Affirmationen. Lass sie also Wirklichkeit werden. Schreibe sie auf, übe sie und bringe sie immer wieder in Deinem Alltag ein.

Welche Emotionen sind mit Deiner Emotion verbunden? Wie fühlst Du Dich, wenn Dein Einkommen höher ist? Wie wirst Du Dich fühlen, wenn Du Dein Idealgewicht erreicht hast? Wie fühlst Du Dich als selbstbewusster Mensch?

Fühle Dich richtig hinein und versuche dieses Gefühl zu leben, dass Du dann letztlich fühlen wirst, denn Deine Affirmation Wirklichkeit geworden ist.

Beim Manifestieren können Dir im 5. Schritt Anker helfen: Das sind feste Erinnerungen, die Dich an Deine Träume, Ziele und Affirmationen erinnern: Ein Gegenstand, eine Handlung oder einfach nur das Vogelgezwitscher. Die Grundlage für den Erfolg ist es, sich immer und immer wieder mit den Affirmationen auseinanderzusetzen. Nur hin und wieder Affirmationen vorzusagen, zeigt keinen Effekt. Vielmehr müssen Dich diese Affirmationen intensiv durch Deinen Alltag begleiten.

Erinnere Dich auch tagsüber durch die richtigen Anker immer wieder daran und komme Deinem großen und langersehnten Ziel auf diese Weise immer ein Stück näher!

Es gibt ab dem 6. Schritt verschiedene Entspannungsmethoden wie etwa Qi-Gong, Autogenes Training, Yoga oder auch die Progressive Muskelentspannung. Sie entspannen Deinen Körper und unterstützen Dich bei der Visualisierung und bei der Umsetzung Deiner Affirmationen. Sie schenken Dir die nötige Kraft und die Energie, um Deine Affirmationen Wirklichkeit werden zu lassen.

Wenn Du diese Schritte durchläufst, wird sich Dein Denkmuster mehr und mehr ab dem 7. Schritt ganz von allein wandeln. Du wirst immer mehr erkennen, dass Deine falschen inneren Überzeugungen und Prägungen überhaupt nichts mit der Realität zu tun haben. Sie hindern Dich nur daran, über Dich hinauszuwachsen, mehr zu erreichen und wahre Veränderung zu erleben.

Ich hoffe, dass aus dieser Erkenntnis Großartiges für Dich und Dein Leben erwachsen kann!

Wenn wir Lügen glauben, dann nehmen sie uns mehr und mehr gefangen! Die Wahrheit aber hat die wahre Macht, uns zu befreien.

Du kennst vermutlich das Gelassenheitsgebet von Reinhold Niebuhr:

„Gott, gib mir die Gelassenheit, Dinge hinzunehmen, die ich nicht ändern kann, den Mut, Dinge zu ändern, die ich ändern kann, und die Weisheit, das eine vom anderen zu unterscheiden."

Lerne genau diese Unterscheidung. Schaue ehrlich und aufrichtig auf Dich selbst und Dein Leben, traue Dich Veränderungen anzustreben und schreite jeden Tag mutig vorwärts, ganz nach dem Motto: *„Ich vermag alles durch den, der mich stark macht“ (Philipper 4.13).*

Du hast nun erfahren was Glaubenssätze sind und wie machtvoll sie über Dein Leben entscheiden können. Du hast nun erfahren, was Affirmationen sind, in welchen Bereichen des Lebens sie sich erprobt haben und wie sie korrekt formuliert werden müssen, um zum gewünschten Erfolg zu führen.

Die Kapitel bislang sollen Dir als grobe Orientierungshilfe dienen. Es geht darum, Dir aufzuzeigen, wie facettenreich und vielfältig Du Affirmationen in Deinem Alltag einsetzen und für Dich nutzen kannst.

Ich lade Dich herzlich ein, selbst kreativ zu werden. Finde die für Dich besten Affirmationen und bringe Veränderung in Dein Leben!

Wenn Du Dir beim Formulieren eigener Affirmationen unsicher bist, dann kann Dir unter Umständen folgende Affirmation weiterhelfen:

„Du innere Weisheit, ich bitte Dich, hilft mir, die richtigen Worte zu wählen, um die beste Affirmation zur Erfüllung meines Traumes und meines so ersehnten Zieles zu formulieren.“

Bringe die Affirmation an den unterschiedlichsten Orten in Deinem Zuhause an. Auch an Deinem Arbeitsplatz kannst Du Deine Affirmation aufhängen. Wenn Du nicht möchtest, dass andere sie sehen, kannst Du Sie natürlich auch in eine Schreibtischschublade legen, doch vergiss bitte nicht, immer wieder damit zu arbeiten.

Werde Dir Deine inneren Prägungen und Überzeugungen bekannt, kehre diese falschen Glaubenssätze ins Positive um, indem Du richtige, positive, kurze und prägnante Affirmationen formulierst. Verbinde damit feste Emotionen, die Dir auch beim Ankern im Alltag helfen. Behalte Dein Ziel immer vor Augen und lass Dich auch von inneren Widerständen nicht vom Weg abbringen. Im Gegenteil: Nimm diese dankbar an und versuche stetig weiterzuwachsen.

Ich wünsche Dir dabei viel Erfolg!

Bonus zum Buch

Wie versprochen, erhältst Du durch den Kauf dieses Buches zusätzlich meine Audio-CD „Affirmation - Kraft der Gedanken“ als mp3-Download gratis.

Die CD als Werkzeug zur täglichen praktischen Anwendung als geführte Meditation für alle selbst entwickelten und gewählten Affirmationen in Kombination mit der Entspannungstechnik des Autogenen Trainings steht Dir kostenfrei zur Verfügung. Das Autogene Training lässt dich Ruhe finden und hilft dir Stress und Hektik einfach abzustreifen und nach Erreichen des Alpha-Zustandes hast du die Möglichkeit deine persönliche Affirmation für ca. 10 Minuten im Rhythmus der Musik in Gedanken zu sprechen oder zu singen.
Breche ungewollte Widerstände mit der Kraft deiner Gedanken! Gehe auf meine Autorenseite:

www.carola-riss.de/bonus.

Melde Dich unter diesem Link an! Du erhältst gratis per eMail Deinen Bonus als mp3-Datei sowie eine Vorlage zur Manifestation Deiner Affirmationen als pdf-Datei.

Schlusswort

Ich möchte mich herzlich bei Dir für das Lesen dieses Ratgebers bedanken und hoffe, dass es mir hier gelungen ist, Dir aufzuzeigen, wie wichtig ein positives Mindset und die richtigen Affirmationen sind.

Damit hast Du ein großartiges Werkzeug an der Hand, um Dein Leben, deine Denk-, Sprach- und Handlungsmuster maßgeblich zu verändern und etwas in Deinem Leben aktiv zu bewegen.

Ein positives Mindset kann uns beflügeln, in vielerlei Hinsicht voranbringen und sogar „innerlich heilen lassen". Doch hast Du Dich mal gefragt, was die Konsequenzen des negativen Denkens sind? Es ist ebenso kraftvoll wie das positive Denken, nur es arbeitet in die entgegengesetzte Richtung. Wenn Dir positives Denken eine gute Veränderung in Deinem Leben bringen kann, dann können negative Glaubenssätze Beschwerden und tatsächliche Krankheiten hervorrufen.

Lass die Bedeutung der positiven und negativen Glaubenssätze nicht aus, denn sie beeinflussen Dein Leben!

Negatives Denken macht Dich krank und nimmt Dir jeden Tag ein Stückchen mehr Deiner so kostbaren Gesundheit. Es schüttet Stresshormone aus, die unser Immunsystem beeinträchtigen und uns somit anfälliger für diverse Krankheiten machen.

Warum sollten wir das also zulassen?

Wehre Dich also bewusst dagegen und wandele Deine Glaubenssätze eigenständig! Erkenne Deine Selbstverantwortung für Dein Leben und formuliere Dir klare, prägnante und positive Affirmationen.

Stärke täglich Dein Durchhaltevermögen, Deine Konsequenz und auch Deine Geduld und gehe mit Beständigkeit, Motivation und Zuversicht auf eine bessere Zukunft hin! Nimm die Veränderung in Deinem Leben an und finde zu einem ganz neuen Selbstbild!

Dabei wünsche ich Dir von Herzen alles Gute!

Und seid nicht gleichförmig dieser Welt (dieses Zeitalters), [indem ihr angepasst seid an ihre fremden und oberflächlichen Gebräuche], sondern werdet verwandelt (verändert) durch die [völlige] Erneuerung des Sinnes [durch neue Ideale und innere Haltungen], dass Ihr prüfen mögt [für euch selbst], was der Wille Gottes ist: das Gute und Wohlgefällige und Vollkommene.

Römer 12,2 (Elberfelder und Amplified)

Literaturnachweis

Bibelausgaben:
Lutherbibel, die Bibel nach der Übersetzung Martin Luther in der revidierten Fassung von 1984, Deutsche Bibelgesellschaft, Stuttgart
Bei Bibelzitaten mit Klammern im Text handelt es sich um direkte übersetzte Passagen aus der im englischen Original verwendeten Amplified Bible. The Amplified® Bible. Copyright © 1954, 1962, 1965, 1987 by The Lockman Foundation.

Bücher:
Ralf Bihlmaier: Die Lösung, Kösel Verlag, 2002
Kurt Tepperwein: Die Praxis der geistigen Gesetze, Goldmann Arkana, 1. Auflage, 2009
Jusé Silva: Silva-Mind Control, Ullstein Verlag, 2. Auflage, 2007
Jean Harro: Die Kraft der Suggestion, Patmos Verlag, Artemis Verlag, 2002
Aljoscha A. Schwarz u. a.: Praxisbuch NLP, Südwest-Verlag, 2000

Über die Autorin

Carola Riß-Tafilaj ist seit über 20 Jahren erfolgreich als Coach, Autorin, Entspannungs- und Mentaltrainerin tätig. Mit ihrem Engagement, ihrem spirituellen Ansatz und einer Prise Humor vermittelt sie in ihren Ratgebern und Hörbüchern praktische Entspannungsmethoden und mentale Erfolgstechniken auf ihre ganz eigene unvergessliche Weise.

Schreibe mir Dein Feedback!

Wie hat Dich das Buch auf Deinem Lebensweg unterstützt? Hast Du Tipps und Anregungen? Du möchtest mir persönlich etwas mitteilen? Dann schreib mir!

Unter meiner Autorenseite www.carola-riss.de erhältst Du aktuelle Informationen, kannst Bücher, eBooks, CDs und Wellnessmusik kaufen und Kontakt mit mir aufnehmen.

Alle Produkte sind im Buchhandel erhältlich.

Werde Fan und folge mir auf Facebook und Instagram:
https://www.facebook.com/CarolaRissT
https://www.instagram.com/carolarisst/

Verlagsprogramm

www.mylivingrooms.de

Entspannungstechnik

978-3944513-17-1 978-3944513-25-6

Entspannungsmusik

978-3944513-22-5 978-3-944513-21-8 978-3944513-20-1 978-3944513-19-5

978-3944513-16-4

Mediationen

978-3981364-9-0 978-3981364-57-6

Produktempfehlung zum Buchthema

In „Zurück zum Ursprung" werden ungelöste, negative Emotionen aus Deinem Muskelskelettapparat, Deinen Organen und Deinem Energiesystem gelöst.

Negativ gespeicherte Emotionen sind für 80-90% unserer Probleme verantwortlich. Das Ablösen dieser eröffnet Dir wieder den Weg zur natürlichen Ordnung.

„Zurück zum Ursprung" ist ein weltweit einzigartiger Kurs, der vom Intuitive Andreas Goldemann kreiert wurde. Andreas besitzt die Gabe besitzt, intuitiv über Ton, Bewegung und Reflektion, ungelöste, negative Emotionen aus Deinem Muskelskelettapparat, Deinen Organen und Deinem Energiesystem zu lösen.

Das funktioniert auch über Video. Und dass auf eine ganz einfache und leichte Art.

Alles was Du tun musst, ist einfach präsent in Deinem Körper und offen für Veränderung zu sein, während Du Dir diese Sessions ansiehst. Mehr braucht es nicht.

In der ersten „Zurück zum Ursprung" Session („Die Halswirbelsäule und die dazugehörigen Strukturen") hilft Dir Andreas Goldemann folgende Themen zu klären:

1. Halswirbel - Atlas - Das eigene Weltbild - Ablösung eventueller falscher Paradigmen

2. Halswirbel - Axis - Wieder das Leben betrachten lernen
3. Halswirbel - Selbstaufopferung ablösen
4. Halswirbel - Standfestigkeit erlangen
5. Halswirbel - Konfliktbereitschaft
6. Halswirbel - Konfliktbereitschaft erreichen
7. Halswirbel - Demütigungen beenden (Teil 1)
8. Bei entfernten Weisheitszähnen den unterbrochenen Herzmeridian wieder durchschalten
9. Den Kiefer zu entspannen
10. Die Augenmuskulatur zu entspannen & den Sehnerv zu beruhigen
11. Die Struktur in der Nase, den Nebenhöhlen und der Stirn zu öffnen & mehr!

Hier geht's zur Website: https://bit.ly/3papH1D